AF401211

LA QUESTION

DU

LENDEMAIN.

I

Aux hommes dévoués qui tiendront les rênes de la prochaine Révolution, salut! — Veut-on la perdre? veut-on la sauver?

Si on veut la perdre, on n'a qu'à renouveler les fautes de 1848, ou à en commettre d'analogues.

Si on veut la sauver, voyons?... Que propose-t-on? Y a-t-on réfléchi? A-t-on un plan? A-t-on une idée?

Ce n'est pas au jour de la Révolution que sont les difficultés et les périls. C'est le lendemain!

C'est par crainte du lendemain que la Révolution tarde à venir. Dès qu'on sera d'accord sur le lendemain, la Révolution sera faite.

Elle sera faite en Europe — comme en France.

Entendez-vous les frémissements des peuples opprimés qui s'apprêtent à se donner la main?

L'Europe entière est mûre pour la Révolution. D'où viendra l'initiative? D'où viendra le signal? Nul ne le sait. Mais il est permis d'espérer que ce sera de la France. Car la France, — la France du vieux monde, — est plus que mûre : elle est pourrie jusqu'aux os. La désagrégation y est visible, et la Révolution inévitable et imminente.

Une société qui, pour prolonger sa lamentable agonie, se voit réduite à subir les hommes et les moyens que vous savez, est une société condamnée, qui désespère d'elle-même et qui a raison.

Pire est l'état d'une société qui se livre à des scélérats que du malade qui se livre aux empiriques.

Une société où le plus avilissant despotisme s'appuie ou fait mine de s'appuyer sur l'instrument d'émancipation par excellence, — sur le Suffrage universel, — est une société essentiellement transitoire, irrationnelle, un monstre : et les monstres ne vivent pas.

Le mépris public, la misère publique, le gaspillage de la fortune publique, et par-dessus tout, les droits imprescriptibles de la liberté humaine, feront le reste.

Ce serait fait déjà, si tous ceux qui sont humiliés et impatients du joug, au lieu de voir dans la prochaine débâcle la fin du monde, y voyaient seulement la fin du vieux monde, et la naissance du monde nouveau.

II

Deux opinions sont en présence :

" Bonaparte nous donne l'exemple de ce qu'il faut faire. "

" Bonaparte nous donne le spectacle de ce qu'il faut
" éviter. "

Spectacles immondes ! exemples criminels! Que nous
voulez-vous ?

Non ! dans les actes de ce misérable, de ce drôle, nous
ne pouvons puiser un exemple, un préservatif, ou un
conseil.

Ecouterions-nous ces gens de petite moralité qui nous
disent :

" Il a été habile : il fallait l'être ! Il a réussi : il fallait
" réussir. "

Ah ! mille fois mille échecs comme le nôtre, plutôt
qu'un succès comme le sien!

Qu'en pensez-vous, Démocrates? Qui de vous souhaite-
rait à la Démocratie le genre d'habileté, et le genre de
succès que préconisent ces théoriciens du fait brutal?

Ce succès, il fera la ruine du tyran, tandis que notre
échec assure le triomphe définitif de notre cause.

Mais, d'ailleurs, celui-là est-il en échec, qui conserve
pour soi le Droit et la Justice ?

Ah ! si, pour réussir, nous avions opprimé (et nous le
pouvions faire aussi bien que lui), c'est alors que, véritablement, nous aurions échoué. Car, notre but étant de délivrer
et non de dominer, la tyrannie ne peut être pour nous, ni
un succès, ni un moyen de succès.

Non ! la Démocratie ne peut procéder comme le Despotisme, parce qu'elle a un autre tempérament et qu'elle
poursuit un autre but.

Que doit-elle faire, donc ?

À la place du Despotisme proclamer la Liberté. — Ce
n'est pas difficile, et nous l'avons fait plusieurs fois. Mais,
après ? ...

Assurer l'exercice de la Liberté. — Oui ; mais, comment?...

Pour une pareille fin, tous les moyens ne sont pas bons ;
et, quoiqu'en pensent quelques rares doctrinaires de la
dictature, la violence que nous détestons en eux tout
autant qu'en M. Bonaparte, leur réussirait moins qu'à
lui.

S'il est des démocrates qui s'apprêtent à nous conduire à
la Liberté par le Despotisme, s'il est des hommes qui, parce
que les masses en ont mal compris la valeur *abstraite*,
méditent de suspendre, fût-ce pour un seul jour, l'exercice du Suffrage universel, après que le tyran lui-même
s'est cru obligé de lui rendre un hypocrite hommage, ce
n'est pas à ceux-là que nous nous adressons.

Nous nous adressons à ceux qui croient que, comme la

tyrannie se fonde sur les institutions de la tyrannie, la Liberté doit s'établir sur les institutions de la Liberté, et que, parmi les institutions de la Liberté, la première et la plus imprescriptible est le Suffrage universel.

Oui, le Suffrage universel, sous quelque forme qu'il s'applique : élection de représentants, législation directe, etc., — questions réservées qui, par cela même qu'on y débat l'exercice plus ou moins large, rationnel, radical, qu'on fera du droit de vote, en admettent et en consacrent l'usage.

Mais la Liberté n'est pas un principe négatif ; c'est une affirmation, et cette affirmation veut des garanties pratiques, réelles. Elle en veut contre les obstacles de l'intérieur, elle en veut contre les dangers extérieurs.

Renversons les obstacles de l'intérieur. Rien de mieux ! *Unissons-nous contre le tyran !* Nous t'entendons, voix généreuse ! et tous, nous te faisons écho. — Mais cela, c'est la question du jour, et la *Révolution est toute dans la question du lendemain.*

—Le lendemain, nous abolirons les armées permanentes —Soit ! L'armée, créée dans le principe pour défendre le sol national, n'a guère servi qu'à comprimer et opprimer les citoyens.

Dans une société libre, point de soldats ! Tous les citoyens sont armés et se lèvent au jour du péril commun. Mais, d'ailleurs, les peuples d'Europe doivent former une grande fédération. Or, quel danger entre peuples fédérés et frères ?...

Faudra-t-il, pour conclure ou pour cimenter cette fédération, cette union fraternelle des peuples d'Europe, voler au secours d'une nationalité soulevée contre ses maîtres ? — On opère comme aux États-Unis : on organise des corps francs où l'élection confère le grade ; et l'éjection du tyran permet aux enrôlés volontaires de rentrer dans leurs foyers et dans leurs ateliers.

— Nous supprimons le budget des cultes. — Soit ! Celui qui a besoin du prêtre doit le payer.

— Nous supprimons la magistrature et nous y substituons le jury, la justice arbitrale et élective, les jugements en équité, l'unité de compétence. — Bien !

— Nous renvoyons au travail productif les quatre-cinquièmes des fonctionnaires civils ; et, d'abord, tous les employés des Contributions indirectes que nous supprimons. — Très-bien !

— Nous supprimons les octrois et les prestations en nature ! — Oui !

— Nous supprimons même les Douanes ; et nous le pouvons faire, puisque la Révolution est *européenne*, que les peuples se concertent, s'associent, fraternisent, et que, si

la suppression peut occasionner quelques charges transitoires, — comme dédommagements, indemnités, secours,
— en revanche, nous n'avons plus à payer ni juges, ni ga-
belous, ni gendarmes, ni prêtres, ni soldats. — A merveille !

— Enfin, nous unitarisons l'impôt. Et, en attendant
qu'il puisse devenir facultatif, de *progressif inverse* qu'il
est aujourd'hui, nous le constituons *progressif direct*, afin
qu'il demande plus à qui plus a. Et, pour qu'il ne demande
rien à qui n'a pas assez, nous fixons un *minimum* non
imposable.

III

Nous voici d'accord sur un certain nombre de points. Mais
tous ces points, mais toutes ces mesures sont négatives, et
la Liberté veut des affirmations.

Diminuer l'impôt, en changer l'assiette, le supprimer
même sous toutes ses formes, c'est bien ; mais ce n'est pas
tout. Pour le succès de la Révolution, à vrai dire, ce n'est
rien.

Qu'importe à l'artisan, qu'importe à l'ouvrier sans travail
une diminution d'impôts ? Mieux vaut payer en gagnant,
que de ne pas payer en ne gagnant rien, en ne produisant
pas. L'homme qui travaille est libre, même en payant
l'impôt ; il est esclave, même sans le payer, s'il est sans
ouvrage, et à la merci de qui peut lui donner ou lui refuser
des moyens d'existence. Et c'est dans ce sens qu'on a dit
avec raison :

Le travail, c'est la liberté !

Tenez ! laissons de côté les théories et les systèmes ; ne
discutons pas sur les principes ; prenons les faits pour ce
qu'ils sont, et demandons-nous : " Que serait-il arrivé si le
peuple de 1848 avait été libre, réellement libre de ses actions
et de son vote : s'il avait pu se dire : " Quoiqu'il advienne,
" l'existence de ma famille ne dépend ni du seigneur, ni
" du créancier, ni du patron, ni de M. le curé, ni de
" M. le gendarme ; et mes bras ne resteront pas inoccupés. "

On nous interrompt : — Cela est impossible.

Prenez garde ! Si le peuple, lui aussi, croit la chose
impossible, quelle raison aura-t-il d'agir ? L'esclave se
révolte-t-il, qui n'espère pas briser sa chaîne ?

Impossible !... Qu'en savez-vous, vous dont la pensée ne
s'est peut-être jamais tournée que vers des expédients
fondés sur la force ? Que savez-vous si des mesures purement économiques, bien étudiées, prises à temps, dans de
bonnes conditions, ne pourraient pas, du jour au lendemain, oui ! du jour au lendemain ! placer tous les citoyens
dans la situation que nous venons de dire ?

Mon Dieu ! le Peuple n'est pas exigeant. Il vous a offert,
en Février, trois mois de misère. Si, durant ces trois mois...
Mais ne récriminons pas.

Nous avons dit que *la Révolution est toute dans la*

question du lendemain, et chacun convient que c'est vrai.
Mais cette formule en engendre une autre; et . de celle-là
nous voudrions que tous les Démocrates fussent pénétrés,
imprégnés, saturés ; nous voudrions la planter dans leur
cerveau comme une pensée dominante, préoccupante,
comme une idée fixe; nous voudrions la mettre à l'ordre
du jour permanent de la Démocratie. C'est à savoir que :

*La question du lendemain est toute dans la question du
Travail;*

Parce que — le travail, c'est la Liberté !

— Approuvé ! disent certaines voix. Aussi, que proposons-
nous ? D'exproprier tous ceux qui, depuis 1848, se sont
notoirement constitués violateurs du Droit?...

Ah! quoique vous fassiez contre ces violateurs notoires,
vous n'égalerez jamais la punition à l'offense. Rien ne serait
assurément plus naturel et plus légitime que de les punir
dans la cause même de leurs forfaits, et la justice de
l'histoire voudrait qu'il en fût ainsi.

Mais, de ces propriétés, que faites-vous ? Vous les distri-
buez aux prolétaires? Auxquels ? Et, comment, après avoir
fait la justice par expropriation, la ferez-vous par répartition, de manière à ce que les prolétaires eux-mêmes n'aient
pas à s'en plaindre?

...Allons, soit! Voilà la répartition faite, et bien faite....
Et puis, après ? Le nombre sera-t-il beaucoup moindre de
ceux qui se trouveront exposés à la faim, faute de travail ?
Le travail en sera-t-il moins refusé par la grande majorité
des propriétaires ou des industriels qui, ne pouvant ou
ne voulant pas prêter leur concours à la Révolution, fer-
meront leurs ateliers ou diminueront le personnel de
leur exploitation?

Or, n'oubliez pas ceci : pour que l'ordre social puisse se
constituer d'après de nouveaux rapports économiques, il
est indispensable que la société puisse continuer à vivre
un temps dans les rapports anciens. Elle ne le pourra pas
si le travail manque, et la Révolution sera perdue...

— Nous la sauverons, disent quelques-uns, en entraînant
les esprits dans une guerre étrangère...

Inspirations du passé, procédés d'empiriques et d'impuissants, que venez-vous faire parmi nous? Vous voulez
donc, au lieu de victoires sur la nature, nous en proposer
sur nos semblables? Et vous croyez, peut-être, que cela
c'est la gloire!

— Si ce n'est pas la gloire, c'est un moyen de diversion.
Oui, c'est une diversion aux difficultés du moment;
mais c'est aussi une diversion au progrès, une diversion
aux idées, un échec à la liberté.

Et quand la guerre sera terminée, que vous aurez fait
beaucoup de deuils, et provoqué beaucoup de malentendus
et de haines, la question du Travail sera-t-elle résolue?..

Vous dites : il sera temps de la résoudre quand nous auvous chassé les tyrans et fait une guerre, non de conquête, mais de propagande européenne.

Une guerre de propagande! Qu'en est-il besoin, quand tous les peuples vont se lever en masse, secouer eux-mêmes leurs tyrans, ou vous demander peut-être quelques secours momentanés, des expéditions spéciales auxquelles suffiront des corps francs?

Mais ces corps francs, dont le nombre et la force seront déterminés par les circonstances, et où s'enrôleront vos meilleurs soldats, les meilleurs par le courage, les meilleurs par la foi démocratique et l'élan révolutionnaire, ces corps francs se dissolvent dès que le but de leur formation est atteint. Tandis que, pour entreprendre la guerre de propagande ou l'éjection dont vous parlez, vous allez donc, au risque d'éveiller les justes inquiétudes des peuples que vous voudrez secourir, vous allez conserver, au moins provisoirement, l'armée avec ses cadres, son organisation, son administration et ses chefs!— Nous ne voulons pas de ce provisoire, où perce le bout de l'oreille du définitif.

La question extérieure nous préoccupe, et à juste titre. Mais, pour conjurer un danger, craignez d'en provoquer un pire.

Il y a quelque chose qu'il faut redouter plus que la guerre; ce sont les généraux qui en reviennent.

Demandez à l'Amérique du sud, qui a des armées et des généraux, pourquoi elle est opprimée; et demandez à l'Amérique du nord, qui n'en a pas, pourquoi elle est libre.

Semez des généraux, et vous récolterez des despotes.

Les plus dévoués défenseurs de la Révolution française le savaient bien, et l'Empire a montré s'ils voyaient juste!

Non! plus de guerre systématique, et surtout plus d'armée permanente!

Des voix plus nombreuses, Dieu merci! et mieux inspirées, nous disent:

— Nous ferons des institutions de crédit mobilier, immobilier, agricole, industriel, personnel, collectif; des associations, des comptoirs cantonaux, des banques d'échange, etc.

Soit! Pour fonder toutes ces institutions, profitez de l'impulsion révolutionnaire. Mais, pour porter leurs fruits, ces institutions veulent du temps, et le Travail ne saurait attendre.

— Nous ferons des travaux d'édilité, des cités ouvrières, etc.

Très-bien! Et ce ne sera pas imiter M. Bonaparte qui ne fait en cela qu'exécuter en partie les propositions des Socialistes après et même avant Février.

Mais il n'y a pas d'ouvriers que dans les villes; et, dans les villes, il n'y a pas que les ouvriers du bâtiment.

Les travaux publics ne suffisant pas, ouvrirons-nous des ateliers nationaux où le travailleur recevra, pour un travail improductif, une aumône sous le nom de salaire? Ouvrir des ateliers publics parce qu'il plait aux ateliers privés de se fermer, c'est bon à faire aux réacteurs; mais aux Démocrates, non, cela!

Lèverons-nous un impôt extraordinaire sur les riches pour nourrir les pauvres? La mesure, certainement, n'aurait rien d'inique. Mais il s'agit de savoir si elle atteindrait son but.

Elle ne l'atteindrait pas. Non-seulement l'ouvrier se plaindrait, qui veut du travail et non l'aumône; mais la fortune et la confiance publiques en souffriraient, qui ne s'accroissent et ne se maintiennent que par le travail, par la production.

IV

Que faire donc?

Eh! mon Dieu! il faut faire que la société marche aujourd'hui par les mêmes ressorts qui la faisaient marcher hier.

Puisque la société vivait hier, la Démocratie ne voit pas de raison pour qu'elle cesse de vivre aujourd'hui; elle ne peut admettre qu'une poignée de poltrons ou de monarchistes désappointés puissent réduire le Peuple à la misère, à la famine, parce qu'ils sont, en fait, les détenteurs du sol et des instruments de travail.

Il faut donc que la ferme qui nourrissait hier vingt travailleurs en nourrisse vingt aujourd'hui; il faut que l'usine qui employait hier dix métiers continue aujourd'hui à les faire mouvoir. Et si les propriétaires, fermiers, manufacturiers et industriels manquent à le faire, il faut le faire en leur lieu et place.

Mais, à côté de ceux qui refuseront le travail par hostilité, il y aura ceux qui le refuseront par impuissance, et ce seront quelquefois les plus riches : car, pour donner du travail, il ne suffit pas de posséder le sol; il faut de l'argent, et quand la Liberté se montre, l'argent se cache : c'est connu.

Nous en sommes bien fâchés pour ces derniers. Ils méritent et ils ont toutes nos sympathies; mais, s'ils en sont là le lendemain de la Révolution, c'est, généralement, que leur situation n'était pas bonne la veille, et tous les ménagements du monde ne sauraient l'améliorer.

Et, comme il n'appartient qu'à Dieu de sonder les reins et les consciences, le gouvernement démocratique décrète...

Mais, d'abord, le gouvernement démocratique veut-il se mettre à la hauteur des circonstances? Reconnait-il que le moyen de sauver la Révolution est de lui concilier les sympathies du plus grand nombre? Croit-il bon que, le lendemain de la Révolution, les travailleurs des villes et ceux des champs — et c'est à peu près tout le monde — puissent se dire : " Que le maître cesse ou non de faire " travailler, nous n'en aurons pas moins du travail; nous " sommes sûrs et certains de ne mourir de faim, ni nous, " ni les nôtres; car la Révolution veille, et nous sentons " son bras protecteur. "

Le gouvernement démocratique admet-il que, disant cela, tous les travailleurs se sentiront libres ? Croit-il que, se sentant libres, ils sauront, malgré leur ignorance, malgré les intrigues monarchiques, malgré toutes les calomnies réactionnaires, croit-il qu'ils sauront discerner le principe et les hommes qui leur feront cette Liberté de ceux qui la leur ont toujours refusée ?

Pense-t-il que, si, après Février, les travailleurs avaient eu, en déposant leur vote, la conviction que le principe installé à l'Hôtel de ville, voulait et pouvait leur donner cette pleine sécurité d'existence sans laquelle la Liberté n'est qu'un mot, pense-t-il que la Constituante eût été monarchique, et la Législative..... infâme ?

Enfin, admet-il que la Révolution est toute dans la question du travail, condition *sine qua non* de la Liberté ; et que, pour résoudre cette question capitale, il faut, en révolution, savoir prendre des mesures, non pas iniques, non pas oppressives, ni spoliatrices, mais *révolutionnaires*, — RÉVOLUTIONNAIRES, entendez-vous ? — et qui soient à la Révolution ce que les moyens sont au but ?

S'il l'admet, — le gouvernement démocratique, issu de la Révolution, et pour qui le premier devoir est de pourvoir à la subsistance du Peuple par le travail ;

Considérant qu'en réalité l'Etat n'est pas organisé pour donner le travail, et ne peut en assurer par lui-même la continuité ; que ce n'est que par les organes *actuels* de la production et des échanges que ce résultat peut être obtenu *actuellement*, et doit l'être ;

Décrète, au nom du Peuple :

ARTICLE PREMIER. — *Tous instruments de travail, terre, champ, mine, usine, atelier, métier, outil, etc... sont expropriables pour cause d'inculture ou de chômage, et moyennant indemnité.*

— Et que ferez-vous de tout cela, grand Dieu !

Nous replacerons à sa charrue le laboureur, dans l'usine le contre-maître, à son métier l'ouvrier ; et nous ferons marcher métier, usine et charrue comme ils marchaient la veille, donnant à chacun l'ouvrage auquel il est apte, et le mettant à même de travailler, de produire. Car :

ART. 2. — *Il est nommé, par tous les habitants de chaque Canton, un conseil de sept membres, chargé d'utiliser les instruments de travail qui pourront être expropriés en vertu de l'article 1er, et d'occuper les bras attachés à ces instruments.*

— Mais voilà un budget de dépenses qui menace d'absorber tout le revenu de la France, et de ruiner l'Etat !

Ruiner l'Etat ! Allons donc ! Est-ce que les Communes et les Cantons ne reprennent pas leur liberté, leur autonomie ? mais, s'ils deviennent majeurs, il faut bien qu'ils supportent les charges des majeurs. En conséquence :

ART. 3. — *Chaque Canton assure, sur son territoire, la*

*continuité du travail, et subvient aux dépenses de ces opé-
rations.*

— En sorte qu'au lieu d'un budget, vous en aurez des
milliers, chaque canton étant chargé du sien. ... Mais
vous allez faire crier.....

Qui ? ce ne sera pas les ouvriers, à qui nous assurons
ainsi un travail productif, et par conséquent moral.

Certains propriétaires ou chefs d'industrie essaieront-
ils de travestir cette mesure et de la tourner contre la
République ? Laissez-les faire : tout l'art perfide qu'ils ont
déployé contre les *quarante-cinq centimes*, si malencon-
treusement décrétées dans leur intérêt exclusif, échouerait
cette fois contre le bon sens et l'intérêt évident des populations.

Quelques-uns crieront peut-être... Mais contre qui ? Contre celui qui, pouvant continuer l'exploitation de son
usine, s'y refuserait par peur ou par hostilité. Ils crieront
sur lui ; ou plutôt, comme, à côté de la justice incontestable de la mesure, sera la charge qui les menacera
solidairement, si quelqu'un d'entre eux se place dans
le cas de l'expropriation, comptez sur eux pour donner à
celui-là de bons et sages conseils, pour peser sur lui de
toute leur influence, et même pour l'aider de leur crédit.
Leur intérêt, d'accord avec l'intérêt révolutionnaire, en
fera des complices du Droit, comme M. Bonaparte en a
fait des complices du Crime ; et c'est ainsi seulement
que nous profitons des exemples de ce gueux.

— A la bonne heure ! mais ceux qui ne crieront pas
comme contribuables, crieront comme économistes ; car
voilà que, par votre mesure, l'État se trouve bel et bien
transformé en industriel, en producteur, en entrepreneur,
et même en commerçant.

Eh bien ! nous renverrons les économistes aux contribuables, en leur disant, — premièrement, — que ce sont
les Cantons, et non l'État, qui entreprennent, produisent,
fabriquent ; — deuxièmement, — que les Cantons ne seront
entrepreneurs et fabricants, qu'autant que les contribua-
bles-économistes, ou les économistes-contribuables, le
voudront bien, c'est-à-dire, aussi longtemps qu'il y aura,
au Canton, des bras que ne pourra occuper l'industrie
particulière.

— Eh ! comment voulez-vous que l'industrie particulière
lutte notre votre concurrence ?

De concurrence, nous ne lui en faisons pas.

— N'allez-vous pas jeter vos produits sur le marché ?
Oui, et non !

Oui ! nous jetons sur le marché intérieur, nos produits
agricoles, et ils ne seront, malheureusement, pas assez
nombreux, pour permettre à tout le monde, et surtout aux
producteurs, de manger du pain. Ce ne seront donc pas
les agriculteurs qui se plaindront ; et, du reste, dans cette
grande et noble industrie agricole, vous savez bien que la

concurrence, quand l'accaparement ne s'en mêle pas,
n'excite ni les conflits, ni les rivalités dépréciatrices de
l'industrie manufacturière ou commerciale.

Non! nous ne jetons pas sur le marché intérieur les
produits industriels. Nous ne voulons pas l'encombrer;
nous le réservons tout entier à l'industrie particulière; et,
d'ailleurs, nous trouvons là une trop belle occasion de donner à la marine nationale une occupation utile. — Aussi :

ART. 4. — De ces produits il est fait deux parts :

*L'une, composée des produits agricoles et des objets ma-
nufacturés qui sont notoirement en hausse sur le lieu de
production, seront vendus sur le marché intérieur;*

*L'autre, composée des produits propres à l'exportation,
ou momentanément dépréciés, est achetée par l'Etat, qui
les transporte sur les marchés étrangers, et les y fait vendre par des hommes compétents et spéciaux.*

*L'Etat paie ces produits aux Cantons sur estimation
contradictoire.*

— Voilà donc qu'après avoir payé les établissements
expropriés, l'Etat devra encore payer les produits des
usines, les produits manufacturés. Comment, avec son
budget réduit, l'Etat fera-t-il face à toutes ces dépenses?

L'Etat paie, c'est vrai; mais il paie au nom et pour le
compte du Canton, et ce n'est qu'une avance que le Canton
lui rendra plus tard, quand, le travail ayant repris son
essor régulier, les établissements expropriés pourront être
revendus. Il ne s'agit donc, dans cette affaire, que de
créer au Canton un crédit, et c'est l'Etat qui s'en charge.
Seulement, au lieu de demander crédit aux banquiers et
agioteurs, selon l'usage monarchique, c'est l'Etat qui va
fournir aux Cantons le moyen d'en obtenir des particuliers.

Comment procèdent deux parties dont l'une fait des
avances à l'autre?

Elles se signent des promesses; elles créent du papier.
C'est une opération de banque, un compte à ouvrir, une
simple question d'écritures.

La partie qui emprunte paie un intérêt à celle qui
prête. Et comme, ici, l'emprunteur c'est le Canton, que
l'Etat se borne à prêter sa signature et sa garantie, et que
le véritable prêteur est celui qui reçoit le papier de crédit
en paiement de ses fournitures ou de son travail :

*ART. 5. — Pour mettre les Cantons en mesure de faire
face à ces dépenses, l'Etat crée des lettres de crédit, de 5,
10, 20 et 100 francs, qui, étant représentées, en fait, par les
produits des établissements expropriés et par ces établissements eux-mêmes, et reposant sur la double garantie de
l'Etat qui les émet, et des Cantons qui en font usage, ont
sur la place cours forcé et titre de monnaie métallique,
et auxquelles est attaché un intérêt de 3 fr. 65, soit d'un
centime par 100 francs et par jour.*

*Cet intérêt est payé aux porteurs par les soins de l'Etat,
et aux frais des Cantons.*

Et qu'on ne vienne pas s'insurger contre le papier-monnaie et contre le cours forcé ! En France, après Février, on a forcé le cours des billets de banque. Qui en a souffert? Qui s'en est plaint? — En Belgique, où la crise a été beaucoup moins rude, on a vécu deux ans, trois ans, sur les billets de 5 et de 20 francs, de la *Société générale*, ayant cours forcé et ne produisant aucun intérêt. La *Société générale* y a beaucoup gagné. Quelqu'un y a-t-il perdu?...

— Ainsi donc, toutes ces opérations (sauf la vente par l'État des produits manufacturés) s'exécutent par les Cantons et à la charge des Cantons?...

Oui ; c'est leur affaire ! — et l'Etat reprendra plus tard et retirera de la circulation tout le papier qu'il aura émis, tant pour avances faites aux Cantons, que pour achats de leurs produits manufacturés.

— Voilà bien des opérations, et bien compliquées !
Non ! car elles sont localisées au Canton.

— Comment assurer l'exécution de ces mesures sur tant de points à la fois ? Si un ouvrier manque de travail, à qui s'adressera-t-il ? au maire? au juge-de-paix? au commissaire de police?
Il n'y a plus de juge-de-paix, puisque la Justice arbitrale est organisée. On pourrait donc décréter que l'ouvrier s'adressera à son maire, élu par le suffrage universel. Mais aux mesures transitoires, il faut des agents spéciaux.
En conséquence, à la place des commissaires de police, qui sont supprimés, attendu que le pouvoir central n'a plus à surveiller et à espionner les citoyens, et que les officiers municipaux sont les meilleurs officiers de police locale; à la place de ces agents de despotisme et de répression, qu'on appelle *Commissaires de Police*, nous créons des agents de protection et de prévention, qui vont au-devant des besoins et des vœux des populations, et dont la mission spéciale est d'écouter les réclamations et d'occuper les bras sans travail. — Donc :

ART. 6 — *Pour l'exécution de ces mesures, il est nommé, par tous les habitants de chaque Canton, un commissaire du travail, dont les fonctions consistent à provoquer, s'il y a lieu, les expropriations pour cause de chômage ou d'inculture, à présider le conseil nommé en vertu de l'article 2, à tenir la comptabilité, la correspondance avec le commissaire départemental, etc.*
Ces fonctions sont toujours révocables, et la réélection a lieu de plein droit, sur la demande signée et déposée au commissariat départemental, par le quart des habitants du Canton.

— Et s'il veut renvoyer un ouvrier ou un valet de ferme dont il est mécontent, le propriétaire ou l'industriel doit donc s'adresser au commissaire du travail?
Nullement; il peut renvoyer qui bon lui semble, pourvu qu'il entretienne sur sa propriété, ou dans son usine, un personnel aussi nombreux que d'habitude.

— Mais si l'ouvrage me manque à moi-même? Si je ne reçois pas de commande?

Nous en serons bien désolés ....

— Et si je ne trouve pas d'ouvrier pour remplacer celui que je renvoie?

C'est qu'il n'y aura pas de bras inoccupés dans le canton; et alors nul n'a rien à vous demander ; mais, s'il y en a, vous le saurez par le commissaire du travail, qui tient deux registres pour inscrire, dans l'un les offres, et dans l'autre les demandes.

— On voit bien que, dans tout cela, vous avez surtout en vue l'intérêt des ouvriers ; c'est très-bien, mais...

Mais, nous avons aussi en vue l'intérêt de la propriété et des propriétaires, de l'industrie et des industriels.

Si, grâce à ces mesures, nous maintenons le travail, et par le travail la Liberté et le bon ordre, qui a le plus à y gagner? Sont-ce les ouvriers, ou les propriétaires?

Sans doute, nous amortissons par là les forces de la réaction. Plusieurs en seront fâchés, qui voient dans toute réaction victorieuse la prison ou la déportation pour les défenseurs de la cause démocratique..... Mais les flots et les destins sont changeants..... Et si, après avoir poussé la Démocratie aux extrémités sociales, la réaction venait à succomber, comme il est advenu plusieurs fois, que deviendraient les propriétaires, et que deviendrait la propriété elle-même?...

— Elle serait détruite, par Dieu! elle serait engloutie, et vous la sauvez. C'est donc pour elle surtout que vous travaillez

Demandez aux prolétaires, si nous ne travaillons pas aussi pour eux.

— Une belle position que vous leur faites! De salariés du maître, vous en faites des salariés du Canton !...

On ne peut dire aux hommes que ce qu'ils sont en état de porter. On ne peut demander à une société que ce qu'elle peut donner. Et chaque jour suffit à sa peine.

Est-ce que nous donnons notre plan comme notre idéal social? Ne voyez-vous pas que ce n'est qu'une mesure transitoire et expectante, un expédient qui aura rempli son but, s'il nous donne le temps nécessaire pour préparer au Travail d'autres conditions, des conditions normales, pour organiser l'ensemble des nouveaux rapports économiques et sociaux sur lesquels reposeront plus tard la LIBERTÉ PRATIQUE, l'ÉGALITÉ PROPORTIONNELLE, la FRATERNITÉ EFFECTIVE, et qui doivent résulter de l'initiative des meilleurs citoyens et du libre concours de tous.

En même temps que notre décret est proclamé à l'Hôtel de ville, s'ouvre pour tous les citoyens, sous l'égide de la LIBERTÉ GARANTIE, l'ère des expérimentations sociales, où chaque idée, chaque utopie, chaque secte, chaque école, aura la faculté de faire ses preuves, et où chaque arbre sera jugé à ses fruits.

Là est le gain de l'avenir, qui ne peut être réalisé en un jour.

Assurons d'abord le pain du jour et la sécurité du lendemain; et, pour cela, continuons à faire fonctionner les instruments actuels du travail, les organes actuels de la production, le mécanisme actuel des transactions.

Pense-t-on que la création instantanée et simultanée des institutions de crédit, d'échange, etc., suffira à la tâche? Tant mieux! Alors, il n'y aura pas lieu d'appliquer notre décret, qui, loin d'être exclusif des autres procédés, en est le complément et le couronnement nécessaire.

Mais, qu'on le porte d'abord! et si les autres moyens n'aboutissent pas, qu'on procède à l'exécution!

Nous avons dit que la mesure proposée est un expédient; elle est autre chose encore. Elle est une mesure comminatoire, qui s'exécutera, s'il le faut, qu'il est bon même d'avoir à exécuter sur un assez grand nombre de points pour que propriétaires et travailleurs sachent bien qu'elle est sérieuse; mais dont l'exécution sera d'autant plus restreinte, qu'il y aura, au sein du gouvernement révolutionnaire, des mains plus fermes pour l'appliquer, et des convictions plus nettes pour la diriger et la comprendre.

L'exécution en sera restreinte, et la raison en est simple: le propriétaire ou l'industriel, qui en aucun temps n'aime à se voir exproprié, l'aimera d'autant moins au lendemain de la Révolution, que ce jour-là, tous les instruments de travail seront d'autant plus dépréciés que le travail sera plus offert. Et cependant:

ART. 7 — *L'estimation des instruments de travail expropriés en vertu du présent décret, a pour base la valeur de la chose au moment de l'expropriation, laquelle se fait par voie sommaire* (suit l'indication des formalités).

Tous ceux donc qui possèdent et qui, à défaut de cette mesure, seraient disposés à refuser le travail, au risque de déterminer des explosions sociales et des cataclysmes, feront les plus grands efforts pour échapper à l'expropriation. Et c'est ce que nous voulons.

Nous mettons donc leur intérêt du côté de l'intérêt démocratique, de l'intérêt social.

V

Mais ce n'est pas tout que de pourvoir à l'existence des ouvriers occupés aujourd'hui. On demande comment nous occupons tous ceux que la Révolution va jeter hors de leur voie actuelle; d'abord, ceux que la suppression des douanes mettra sur le pavé; et puis les soldats, les gendarmes, les fonctionnaires de tous ordres, et même les commissaires de police! Laisserons-nous mourir de faim tous ces congédiés?

Tout à l'heure on trouvait peut-être que nous embrassions trop; on trouve maintenant que nous prévoyons trop peu.

Mon Dieu! non, il ne faut laisser mourir de faim personne, pas même nos adversaires, dont les contradictions et les objections nous obligent à perfectionner notre pratique révolutionnaire.

Nous vous donnons le principe; étendez-le. Quand vous exploiterez, au nom du Canton, une propriété reprise pour cause d'inculture, ne pourrez-vous faire entrer dans vos cadres et le soldat qui revient au foyer natal, et le fonctionnaire qui perd son emploi ?

Il vous faut du travail manuel, mais il vous faut aussi du travail administratif.

Si l'usine est au complet, n'y a-t-il plus de place pour y ajouter un métier ?

Et quant au sol, est-il donc cultivé partout avec tant de perfection qu'on ne puisse, sur la même surface, doubler et quadrupler les bras en modifiant et améliorant la culture ?

Et puis, n'avez-vous pas des canaux d'irrigation à construire, des landes à fertiliser, des contrées entières à défricher, à assainir ? ..

Allez! quand vous aurez assuré l'existence, la sécurité, la liberté *civique* des producteurs actuels, il vous en coûtera bien peu pour y ajouter tous ces pauvres esclaves du pouvoir, — fonctionnaires, douaniers, gendarmes, soldats, — ces derniers surtout qu'on démoralise pour en faire nos dominateurs et nos bourreaux, mais de qui l'ignorance fait tout le crime, et qui obtiendront leur pardon en venant prendre rang parmi leurs frères, dans l'atmosphère fortifiante et moralisatrice du travail utile, du travail productif.

VI

A toutes les objections que doit soulever la mesure proposée, et surtout aux préjugés qu'elle outrage, nous ne nous flattons pas d'avoir répondu, et nous ne voulons pas répondre.

Nous ne voulons pas non plus dissimuler les difficultés qu'elle comporte, les inconvénients et même les injustices partielles qu'elle peut entraîner dans son exécution.

Dieu lui-même, aux époques troublées, ne saurait faire la Justice absolue.

Que ceux qui ont des oreilles pour entendre, entendent !

La **Révolution**, c'est le levier.

A tout levier il faut un appui, un plan d'opération.

Laisser aux peuples, au besoin secondés par des corps de volontaires, le soin de chasser eux-mêmes leurs tyrans ;
Maintenir et activer le mécanisme actuel de la production pour assurer la continuité du travail productif, — par le Travail la Liberté, — et par la Liberté l'ère des expérimentations sociales ;

Voilà nos moyens, et voilà notre plan !

Ceux qui le trouvent bon, qu'ils le propagent ! mauvais, qu'ils le critiquent ! insuffisant, qu'ils le complètent !
Et si l'on en sait un meilleur et plus efficace, qu'on l'expose !

Mais que l'on n'oublie jamais les termes absolus, impératifs, du problème révolutionnaire, à l'intérieur :

La Révolution est toute dans la question du lendemain.
La question du lendemain est toute dans la Liberté civile du travailleur, c'est-à-dire de tout le monde.
Et la question de Liberté est toute dans celle du Travail assuré et garanti.

Le Travail faiblit-il ? toutes les valeurs sont dépréciées, tous les ressorts sociaux se détendent, se relâchent, se détraquent ; tout est compromis.

Si le Travail marche, tout est sauvé, valeurs et principes, hommes et choses.

Le Travail est le grand ressort auquel se rattachent tous les rouages de la machine sociale, et qui règle et détermine tous leurs mouvements.

Quand le grand ressort fonctionne bien, tout va !

Assurer le fonctionnement du grand ressort, la continuité du Travail, et par quels procédés ? — tel est le problème qu'il faut résoudre, du jour au lendemain !

Tant qu'on ne l'aura pas résolu, tant que ces propositions ne s'enchaîneront pas dans la pratique révolutionnaire, comme elles s'enchaînent dans la logique, la cause démocratique avortera, et aux scélérats qui nous gouvernent, et qui nous pillent, succéderont d'autres scélérats.

Le Peuple le sent ; il comprend que le Travail est la pierre angulaire de la Révolution, et, d'avance, il range parmi les mauvais maçons et les gâcheurs, ceux qui la rejettent, la méconnaissent, la dédaignent ou la négligent.

Aux grands cœurs qui tiendront les rênes de la Revolution, salut ! — Veulent-ils la perdre, veulent-ils la sauver ?

15 novembre 1853.

London, Horris and Son, printers.

LA QUESTION

DU LENDEMAIN.

(Suite.)

I.

Il faut y revenir ; il faut insister sur certains points qui, acceptés d'instinct par tous les hommes de bonne volonté, n'en restent pas moins comme entourés de voiles qu'il faut écarter.

Ces voiles, nous devions nécessairement les trouver devant nous : ce sont ceux qui séparent le vieux monde du monde nouveau.

Toute naissance est entourée de voiles.

Si, au lieu de chercher à découvrir les objets qu'ils dérobent à nos regards, nous nous bornons à les considérer avec stupeur, avec effroi, on dira de nous comme on a dit des émigrés de 1792 : *Rien oublié, rien appris !*

Nous ne sommes pas des émigrés ; nous sommes des proscrits. *N'oublions rien, mais étudions, mais apprenons toujours.* C'est pour cela que nous sommes en exil.

Que notre ardeur s'égale aux difficultés ! Elles sont graves, et quand on les envisage de près, on devient moins exigeant sur les solutions proposées et sur leurs inévitables lacunes.

En effet, les réacteurs, qui nous accusent de violence, n'ont, vous le savez, d'autre principe et d'autre procédé que la violence fardée d'autorité. Reprenant peu à peu, par des menées hypocrites et de sourdes machinations, tout le progrès conquis par la raison humaine, ils sont les seuls obstacles au progrès régulier. Et, quand ils ont bien abusé de notre patience, miné tous nos droits, déformé toutes nos institutions, et qu'un beau jour,

En place du lion, nous trouvons le caniche (1),

ils se plaignent que nous osions briser d'un seul coup toutes les chaînes forgées par une longue pratique réactionnaire.

De cette nécessité, de cette extrémité violente où nous pousse et nous accule peu à peu la réaction, il résulte pour nous une grande infériorité de position politique. La Dé-

---

(1) *Châtiments*, par Victor Hugo.

mocratie n'arrive presque jamais qu'au milieu des orages, et, le plus souvent, au milieu de la pénurie causée par le gaspillage de la fortune publique.

En sorte que nous avons à réparer les fautes de nos adversaires, en même temps qu'à reprendre le terrain politique qu'ils nous ont extorqué.

Aussi, lorsqu'il ne leur faudrait, pour gouverner en temps de calme, qu'un peu de cœur et de bon sens, il nous faudrait, à nous, du génie, pour user, avec une sage énergie, du pouvoir révolutionnaire, ou plutôt pour user toute espèce de pouvoir ; car c'est là le dernier mot de l'idée démocratique.

Ce n'est pas tout. Le peuple est affamé : il faut le nourrir ; sans travail : il faut l'occuper. Il est ignorant, et cependant il faut qu'il se gouverne lui-même. Car, de gouverner le peuple sans le peuple, malgré le peuple, quoiqu'au nom du peuple, ce sont façons de dictateurs et de despotes.

La Démocratie ne doit et ne peut gouverner qu'avec le peuple et par le peuple, et la Révolution s'accomplir que par le peuple et pour le peuple.

Si elle ne se fait pas pour le peuple, à quoi bon ?

Si elle ne se fait pas par le peuple, il la méconnaîtra et la laissera confisquer et violer... comme toujours.

Pour qu'il la défende, il faut qu'il la connaisse; et pour qu'il la connaisse et l'aime et l'épouse, il faut qu'elle soit son œuvre.

Aussi, tous ceux qui voient dans la Révolution, non leur propre avénement, mais l'avénement du peuple, tiennent-ils pour la *législation directe*...

— Quoi ! parler encore de législation directe après le triple scrutin décembriste !

Eh ! mon Dieu, oui ! Plus que jamais après ces trois votes, et par ces trois votes, la nécessité de la Législation directe est démontrée ; et ceux qui, l'ayant admise avant, la repoussent après, montrent qu'ils n'en ont jamais compris ni le mécanisme, ni la raison, ni les conséquences (1).

Le peuple est ignorant, c'est vrai ; oublieux, facile à tromper, facile même à intimider, c'est vrai. Mais il n'est pas inintelligent. Proposez-lui une mesure vraiment juste, efficace, pratique, et vous verrez s'il ne l'adopte pas, alors même qu'elle romprait avec toutes les habitudes reçues, et pendant que les gens éduqués la repousseront et la critiqueront sans la comprendre.

Faites du bien au peuple, un bien réel, palpable, saisissable, et vous verrez s'il ne vote pas dans votre sens.

Mais, si vous négligez ses intérêts, et qu'un autre vienne, frappe un grand coup, jure, tempête, menace et ajoute :

---

(1) Consulter à cet égard les publications de Rittinghausen et de Considerant.

« Je suis l'homme du peuple : ce que les démocrates vous ont promis, moi, je le tiendrai ; » le peuple ira vers celui-là, ou tout au moins le laissera faire. Il aurait tâté de la rouge : il tâtera du Bonaparte. — Et il en tâte !..

La question se réduit donc à savoir prendre des mesures que le peuple comprenne, qui lui permettent de sentir et de toucher du doigt les conséquences de sa souveraineté. Et ceux qui repoussent la Législation directe, sous prétexte que le peuple a voté tout de travers, sont aussi ceux qui ne connaissent pas les moyens de le faire voter droit, et qui désespèrent de le ranger, par la satisfaction de ses intérêts les plus chers, du côté de la Révolution.

S'ils étaient conséquents, ils ne devraient pas plus vouloir du Suffrage universel que de la Législation directe, et bien moins encore, car le peuple se trompera toujours plus sur les hommes, qui changent, que sur les principes, qui ne changent pas. — En cela, du reste, tout le monde est peuple, et tout le monde devrait raisonner comme cet électeur qui, se plaignant des tergiversations et de l'incapacité de tous ses mandataires, nous disait : « Ah! citoyens! pour bien faire, il faudrait qu'on aille tous à la Chambre ! » C'est la pétition de la Législation directe.

Il est vrai que, dès que nous prononçons ce mot : l'*intérêt du peuple*, on nous dit que nous nous adressons à son ventre.

Comme ceux qui formulent cette accusation n'ont pas de ventre sans doute, et pas beaucoup d'oreilles, il serait superflu de leur expliquer le lien qui existe entre ces deux organes.

Pour nous qui croyons connaître les moyens d'apaiser d'abord, et, plus tard, de satisfaire le peuple sur ce point nécessaire, nous sommes plus que jamais pour la Législation directe, c'est-à-dire pour que le peuple entre immédiatement dans la possession et dans le plein exercice de ses droits.

Donc : *Première nécessité révolutionnaire*, — le vote universel permanent et libre.

Et, comme toute liberté est illusoire pour qui manque ou peut manquer de travail,
Deuxième nécessité révolutionnaire, — le travail assuré à tous les citoyens.

Et comme le travail ne peut être assuré *actuellement* que par les organes *actuels* de la production et des échanges,
Troisième nécessité révolutionnaire, — obligation, pour tous les instruments de travail, de fonctionner le lendemain de la Révolution comme la veille, à peine d'expropriation et d'exploitation par le Canton qui reconquiert son autonomie.

Telle est la mesure, dont nous avons décrit le mécanisme général.

Ce rappel de thèse était nécessaire, parce que la mesure proposée , assurant au peuple, non pas le bien-être. —

elle n'en a pas la puissance, — mais le pain quotidien, la quiétude du lendemain, l'indépendance, la liberté, est l'axe tout provisoire, mais essentiel, mais capital, autour duquel tournent toutes les autres mesures, sans lequel elles seraient vaines, et au moyen duquel il sera possible de démocratiser la *force armée*, la *force religieuse*, la *force juridique*, — trois questions qu'il faut savoir résoudre.

Tout citoyen est soldat ; — tout citoyen peut être juge ; — tout citoyen peut être prêtre.

Voilà les principes. En essayant d'en tirer les conséquences et d'en décrire la réalisation. il est clair que nous proposons nos idées sans prétendre à les imposer. Nous aimons trop la liberté pour cela.

II.

Tout citoyen est soldat.

Partant, la connaissance et le maniement des armes de guerre font partie obligatoire de l'éducation qui est publique et gratuite, et qui sera accessible à tous, du moment que tous trouveront, d'abord par notre décret, ensuite dans les nouvelles institutions, la garantie de l'existence par le travail.

Tous les jeunes citoyens sont donc, non-seulement admis, mais appelés au gymnase et aux exercices qui, en favorisant leur développement corporel, assurent au besoin la défense du pays. — C'est une réminiscence de Sparte, qui n'avait guère que cela de bon.

Les jeunes gens qui manifestent une aptitude hors ligne, sont admis aux écoles supérieures et spéciales, dans lesquelles on devient mathématicien, ingénieur, chimiste, industriel, en même temps qu'artilleur et stratégiste. Nous ne supprimons donc ni les arsenaux, ni l'école polytechnique, ni aucune de ses succursales ; au contraire ! Et nous voulons avoir, tous les ans, des concours cantonaux, départementaux, des champs de mai, aux époques permises par les exigences du travail productif.

Mais que disons-nous ! Les manœuvres militaires elles-mêmes se transforment en travaux productifs ; car, en fortifiant les corps, sans affaiblir, comme aujourd'hui, les ressorts de la production, elles n'enlèvent rien à l'âme de sa liberté, attendu que, la conscription abolie, les corps armés, — disons mieux, — les corps francs, se forment, quand besoin est, non par recrutement, ni par une autorité extérieure quelconque, mais par enrôlement volontaire, et se constituent par élection.

Et qu'on ne nous oppose pas la garde nationale et le soldat-citoyen comme la condamnation de ces moyens, — *argumentum à ridiculo.* La garde nationale a été une transition entre l'armée *permanente* et l'armée *latente ;* et les transitions ont toujours quelque chose de bâtard et de choquant.

D'ailleurs, la Suisse et la Prusse ne se félicitent-elles pas d'avoir réalisé en partie, chacune à sa manière, le système que nous proposons?

Ainsi, la force armée subsiste, mais en puissance, et de manière à rassurer pleinement ceux qui ne veulent plus de 18 brumaire ni de 2 décembre.

L'heure du danger sonne-t-elle? un peuple en lutte contre ses oppresseurs invoque-t-il notre appui?...

Aux armes, citoyens!...

La force armée se dégage et forme spontanément ses bataillons, qui se dissolvent dès que l'expédition a atteint son but. Ils se dissolvent par la raison toute simple que, une fois la Révolution européenne accomplie, les États-Unis d'Europe n'ont pas plus besoin d'armées permanentes que les États-Unis d'Amérique.

Ainsi disparaît le plus inique, le plus infâme et le plus mal réparti de tous les impôts, — l'impôt du sang!

III.

Tout citoyen peut être juge.

Faut-il entreprendre la critique des tribunaux actuels? Faut-il rappeler l'huître et les plaideurs? Faut-il insister sur l'injustice du juge, sur sa corruptibilité, sur son manque de jugement, sur son ignorance du sujet, sur son incompétence réelle dans la plupart des causes exposées devant lui, sur sa tendance à ramener toutes les actions des hommes à sa manière de voir et de sentir?

Est-il besoin de dire que ce protecteur de la veuve et de l'orphelin n'a jamais manqué de condamner les opprimés au nom des oppresseurs, les proscrits au nom du proscripteur, sauf à s'écrier ensuite :

La cour rend des arrêts et non pas des services!

Mensonge! mensonge! Vous ne le dites que parce que c'est un mensonge!

Et puis, c'est tout simple. Qui pourriez-vous condamner, ô magistrats?... Les dominateurs? les bourreaux? Mais ce sont eux qui vous nomment et qui vous paient.

Aussi, quand la guerre civile fait des victimes, manque-t-il jamais de juges pour leur donner le coup de grâce?

Hier, au nom du salut public, les tribunaux révolutionnaires condamnaient les aristocrates ; aujourd'hui, au nom de la sûreté générale, les cours prévôtales, les commissions mixtes, les cours impériales expulsent, déportent, poursuivent les républicains accusés de conspirer le renversement de la république, et les condamnent au nom de celui qui l'a égorgée, la nuit, au coin d'une distraction, à la faveur d'un malentendu!

Cela, ce n'est pas l'histoire de notre temps : c'est l'histoire de tous les temps, c'est le fait de toutes les magistratures procédant par voie d'autorité.

Vient un homme inspiré de Dieu, le fils de Dieu, l'homme-Dieu. Sa parole va relever le monde de la déchéance et le transfigurer. C'est l'émancipateur, c'est le rédempteur.

Il sait qu'il y a des intelligences ouvertes, et c'est à celles-là qu'il s'adresse. Il sait qu'il y a des intelligences fermées et qu'elles le persécuteront. Il a beau propager la morale la plus élevée qui se fût encore épanouie sur le monde : il sait qu'on le poursuivra des noms les plus vils , — coureur de mauvais lieux, buveur, *potator vini*... Il a beau répandre autour de lui des paroles de paix, de conciliation et d'amour : il sait qu'il sera arrêté, jugé, condamné, et il se prépare au sacrifice. Il est mis en croix, et la terre en frémit d'épouvante et d'horreur.

L'institution qui a pu condamner ce juste va être condamnée sans doute, et condamnée à jamais, par ceux qui suivront les sentiers du crucifié... Non ! car le paganisme et le judaïsme se continuent en eux ; le nom de chrétien n'est qu'une étiquette, un costume ; et, comme on dit : grattez le civilisé, et vous trouverez le barbare, — on peut dire : grattez le chrétien, et sous sa peau, vous trouverez le juif et le païen !

L'institution déicide subsiste donc. Et voilà que, de nos jours, deux hommes, l'un historien, l'autre juriste, fouillant dans ce grand crime, dans cette suprême iniquité qui a conduit le Christ au Golgotha, y trouvent, savez-vous quoi ? L'un, M. Salvador, qui veut défendre ses ancêtres, trouve que les juges étaient dans leur droit et même dans leur devoir ; que les formes ont été respectées, que la loi a été justement appliquée, et qu'il n'y a rien à dire ni contre le jugement, ni contre la procédure. L'autre, M. Dupin, prétend que le Christ a été tué, mais non jugé, que les princes des prêtres et les anciens n'étaient pas compétents, qu'ils ont enfreint toutes les formes, qu'ils étaient aveugles, passionnés, juges et parties, par conséquent récusables, à peu près dans la même position que M. Dupin décrétant d'accusation, au nom du salut public, ses collègues de l'Assemblée nationale.

Ainsi, l'un, pour innocenter la loi, condamne le juste ; l'autre, pour innocenter le juste, condamne le juge, et ce dernier est lui-même un magistrat !

Mais la loi qui condamne, ou qui fournit aux Jeffries, aux Laubardemont, aux Caïphes, des prétextes pour condamner l'innocent ; la loi écrite, sur laquelle on se met à ergoter, au lieu de discuter avec sa conscience ; la loi qui frappe les faibles, que dédaignent les puissants, qu'éludent les habiles, tous deux la respectent, tous deux se prosternent devant cette arche sainte ! Et ils font bien ; car, de la faible hauteur où tous deux se sont placés, ils n'auraient pu condamner la loi que dans quelques-uns de ses effets.

Il faut l'attaquer dans sa racine. Il faut pénétrer au cœur de ce sanctuaire souillé !

Si l'on vous proposait l'étude d'une science qui débuterait par un axiome absurde, par une hypothèse évidemment impossible, prendriez-vous la peine d'en examiner les conséquences ?...

Eh ! bien, l'axiome sur lequel repose la loi écrite, la pierre sur laquelle on l'a burinée, l'hypothèse d'où elle part, c'est un axiome absurde, c'est une pierre imaginaire, c'est une hypothèse impossible.

Tous les citoyens sont censés connaître la loi. Voilà ce que vous dit, au commencement, *a principio, ab ovo,* la loi écrite, et voilà ce que vous rappellent au besoin les magistrats devant qui vous excipez de votre ignorance, et qui ne connaissent guère la loi plus que vous.

Et comment pourraient-ils connaître et posséder ces immenses recueils de contradictions influencées par les causes les plus hétérogènes, qu'on appelle la raison juridique ?...

La meilleure marque de l'incertitude et des contradictions de la loi écrite et de l'ignorance des juges, c'est l'existence et la nécessité d'une cour de cassation, se contredisant, se déjugeant, se rectifiant souvent elle-même après avoir rectifié les autres.

Ainsi, le vice viciant de toute l'institution judiciaire est dans son principe même, et c'est la condamnation radicale de la loi écrite comme base des appréciations et des jugements.

Ce cercle vicieux, la loi de formation qui préside aux développements de tous les êtres, en donne l'explication naturelle et la naturelle résolution.

Il est dans la destinée de chaque être de passer par deux états successifs, dont le premier,— l'état embryonnaire, — réunit, au sein de la lutte et des contradictions, les éléments du second, — qui est l'état normal. Cette loi s'applique aux êtres moraux comme aux êtres individuels.

Avant la lumière, l'obscurité; avant l'être, l'embryon; avant les poumons et la respiration aérienne, les branchies et la respiration dans l'eau; avant la vie libre, la vie comprimée : c'est la loi universelle !

Et ce qui précède la règle ne peut être conforme à la règle; et ce qui précède la liberté ne peut être conforme à la liberté.

Et les branchies ne sont pas les poumons; et le fœtus n'est pas l'enfant; et l'embryon n'est pas l'être.

Avant la chimie, l'alchimie; avant l'astronomie, l'astrologie; avant la magistrature normale et libre, la magistrature compressive et comprimée.

C'est là que nous en sommes. Nous sommes, en tant qu'Humanité, dans la phase embryonnaire, et c'est pourquoi la Société est en mal d'un monde nouveau.

Aussi, voyez comme le magistrat-fœtus, embarrassé dans ses textes, comme l'embryon dans ses enveloppes, et recevant la loi toute faite, comme le fœtus reçoit le sang tout oxigéné, condamne souvent et quelquefois absoud à contre-cœur, et, pour se dédommager de cette violence, excuse, à force de *mais*, celui qu'il condamne, ou flétrit, à coup d'*attendus*, celui qu'il absoud.... Et tant d'autres contradictions !....

Et, en effet, la loi écrite a beau vouloir s'appliquer à tous les cas, elle ne le peut. Les nuances, les motifs impulsifs, les circonstances, tout lui échappe. Il n'y a que Dieu qui soit Dieu et Providence.

Et puis, étonnez-vous d'entendre ce concert de malédictions : Ah ! s'il y avait de la justice au monde !...

Allez, citoyens ! cherchez, évoquez la justice, et vous trouverez..... la procédure et les tribunaux...

Il est, nous le savons, de fort honnêtes démocrates qui n'aiment pas qu'on parle de la justice avec cette irrévérence, parce qu'ayant encore un pied dans le vieux monde, ils ne croient pas pouvoir se passer de juges et de gendarmes, pas plus que Spartacus, un moment victorieux, ne put se passer de nains et de bouffons. Ils voudraient qu'on couvrît d'un voile ces nudités lépreuses, — la prostitution du juge, les souillures de l'armée, les infamies du clergé..., le tout dans l'intérêt du peuple, à qui il faut une religion, des juges, etc....

Déshabituons-nous de ce respect de convention et de tradition, et, avant même de savoir par quoi sera remplacée la loi écrite, ayons le courage de la condamner et de la rejeter.

IV.

Si toute iniquité judiciaire vient d'une fausse hypothèse, toute justice naîtra d'une réalité.

A la place de la lettre morte, à la place de la loi écrite sur du papier, qui n'est là en définitive que pour remplacer, formuler et fixer le dictamen de la Conscience, plaçons la loi écrite dans nos cœurs ; installons, il en est temps, la Conscience elle-même ; oui ! la Conscience, cette loi vivante, qui n'était pas prête autrefois et qui s'est préparée par les excès mêmes de la loi écrite, par les attentats qu'elle a commis contre la conscience humaine !

— La conscience, la conscience humaine devenir l'unique base des jugements !.... Nous entendons d'ici la voix glapissante des avoués et des procureurs impériaux et royaux, qui se récrient contre une telle énormité... Arrière, messieurs ! vous êtes trop intéressés dans la question.

— C'est donc cela que vous appelez *les jugements en équité, l'unité de compétence ?*... Ah ! oui, vous aurez unité de compétence, mais vous n'aurez pas unité de jurisprudence, à coup sûr.

Eh ! c'est bien ce qu'il nous faut. Oui, la jurisprudence sera diverse comme la vie, mobile comme la conscience, ondoyante comme les mœurs qui la reflètent en tous points, et sur lesquelles la parole seule doit agir, et agir incessamment.

Oui, il y aura variété de jurisprudence, variété dans les jugements, et ces jugements si divers seront tous justes, étant tous porportionnels à l'état *actuel* de la conscience du juge et des parties, du juré et des prévenus. Or le grand tort des législations écrites a été de vouloir mettre l'unité dans le domaine essentiel de la variété, et de vouloir fixer ce qu'il y a de plus mobile, les mœurs et la conscience humaine.

— Mais la conscience humaine n'est pas partout au même degré, et elle est progressive.

Précisément! c'est bien pour cela que ses jugements, si divers qu'ils soient, sont toujours justes, et, qui mieux est, toujours acceptés.

Deux vols se commettent dans des circonstances juridiquement identiques, l'un à Paris, l'autre en Basse-Bretagne. En conscience, le crime est-il punissable de la même peine ? Le coupable a-t-il autant de lumières à Quimper qu'à Paris ? etc. etc.

Toutes ces considérations, la loi écrite les méconnaît forcément, malgré tous ses efforts pour s'y plier; le jury, au contraire, et les arbitres en tiennent nécessairement compte. Aussi, l'état général des consciences qui formuleront les jugements, et la loi, — une dans sa variété, — qui en découlera, seront-ils naturellement et rapidement progressifs; tandis que le moindre progrès à introduire dans la loi écrite, ce berceau où dort la conscience humaine, exige des siècles, et provoque, aux heures où la conscience se réveille, de terribles collisions.

Au reste, cette intervention de la conscience progressive dans les textes immobiles, n'est pas chose nouvelle. C'est à cela qu'aboutit, à Rome, l'institution des Préteurs. L'édit que chaque Préteur rendait en entrant en charge, était un hommage rendu aux progrès accomplis et une concession faite aux objections dirigées contre la législation en vigueur avant lui. C'était une transition et souvent même une transaction entre la loi écrite et les progrès de la conscience. Transition bien incomplète! car, à supposer que le Préteur ne se trompât pas le jour de son installation; à supposer que son édit répondît à l'état moyen des consciences, il n'en constituait pas moins, pendant toute une année, quelque chose de fixe et qui ne se prêtait ni à toutes les consciences ni à tous les procès. Or, autant de procès, autant de cas spéciaux ; et l'on peut dire en cette matière, comme en histoire naturelle, qu'au fond et en réalité, il n'y a ni classes, ni ordres, ni genres, ni familles, ni espèces : il n'y a que des variétés, des individus.

Vous voyez tout de suite pourquoi les tribunaux de commerce et les conseils de prud'hommes sont bien supérieurs à toutes les institutions judiciaires qui les ont précédés. Mais d'où vient en partie leur supériorité? c'est que la plupart des procès s'y résolvent par arbitrage ; c'est que le juge lui-même se fait arbitre ; c'est que les prud'hommes ont une irrésistible tendance à juger en équité. Aussi, grâce aux progrès de l'industrie, et malgré la rivalité jalouse des tribunaux civils, la magistrature consulaire et celle des prud'hommes ont-elles été sans cesse en envahissant.

Toutefois, la justice consulaire, comme celle des prud'hommes, comme le jury actuel, sont des institutions insuffisantes, de pures transitions, ayant tous les inconvénients, toutes les imperfections des organes de transition. Se rapprochant de la solution démocratique par leur forme élective, les tribunaux de commerce et les conseils de prud'hommes sont encore tenus par des textes qu'ils doivent appliquer, et qui ne leur permettent pas de juger en pleine conscience et en équité; et le jury ne peut céder aux mouvements de sa conscience inquiète et voir au-delà du fait qu'en violation de la loi qui lui interdit de considérer la peine.

Il faut le jury absolument libre. Il faut la justice arbitrale absolue.

Paul prévient Pierre que, tel jour, à telle heure, il devra se trouver dans la salle des plaids pour se défendre de telle action, par devant deux arbitres, dont l'un nommé par le demandeur et l'autre par le défendeur. Si les arbitres ne s'accordent pas, ils s'adjoignent un troisième arbitre, rendent leur jugement sans être astreints à aucune forme, et le déposent entre les mains d'un citoyen nommé par les habitants du Canton, et commis à la conservation et à l'exécution des jugements.

Si Pierre ne nomme pas d'arbitre, l'arbitre de Paul rend son jugement, dont Pierre ne peut suspendre l'exécution que par la nomination de son arbitre.

Voilà toute la procédure par arbitre, et voilà le jugement en équité.

Ainsi, plus d'incertitude sur la juridiction, ni sur la compétence : elles sont ramenées à l'unité par l'arbitrage électif. Et, la division du travail s'appliquant au jugement des procès, chaque juge, c'est-à-dire, chaque arbitre, nommé par les parties pour chaque cas spécial, fait et juge en toute connaissance de causes tout ce qu'il est appelé à faire et à juger.

Ainsi disparaissent à la fois toutes les questions de rétroactivité, d'amovibilité, d'inamovibilité, de hiérarchie et d'avancement, qui embarrassent tant les organisateurs de la magistrature-fixe, et qui ne prouvent qu'une chose : c'est que les corps judiciaires, comme qu'ils soient constitués, seront toujours, ainsi que les armées permanentes, des suppôts du pouvoir, à la disposition du premier gredin qui saura s'en emparer.

Jacques est accusé d'un crime ou d'un délit. Dans l'un comme dans l'autre cas, il paraît devant douze jurés qui le condamnent à l'unanimité ou l'absolvent, et qui fixent la peine et les amendes (s'il y a lieu), sans autre règle que leur conscience. Nous nous trompons ; car le peuple, consulté dans ses comices, a déterminé le *maximum* des peines en cas de crimes et en cas de délits, et ce

maximum se restreint à mesure que les mœurs s'amé-
liorent.

Ainsi fonctionne le jury libre. Par lui la société se défend : elle ne se venge pas. Et le jury est généralement
bienveillant et fraternel, même quand il condamne.

Mais, au cas où il ne le fût pas, Jacques a son recours
devant le jury départemental. Car, renversant, en ce qui
concerne les crimes, les dispositions de la loi écrite, nous
donnons un seul degré de juridiction aux intérêts qui
choisissent leurs arbitres, et deux degrés aux personnes
qui ne choisissent pas leurs jurés et peuvent seulement
exercer un droit de récusation.

On dit : — Si tout citoyen est juré, ce droit suffit-il ?
Empêchera-t-il un homme instruit d'être jugé par des
ignorants ? — Non ! et cela force les hommes qui ont des
lumières à les répandre et à propager l'instruction...

Et, quand nous serons ainsi tous jurés, et que nous pourrons tous être arbitres, nous serons bien plus que juges :
nous serons législateurs.

Or, nous vous le demandons, les lois répressives, les lois
pénales, les lois civiles et commerciales étant remplacées
par la loi vivante, par la Conscience générale, et les lois
d'exception et de privilége n'ayant plus de raison d'être,
du moment que nous réglons nous-mêmes nos affaires
juridiques, que restera-t-il à faire à un corps législatif ?
Que pourrait-il faire que nous ne fissions mieux que lui,
avec plus de connaissance et de maturité et d'autorité que
lui ? Vous voyez bien que la Législation directe s'établira
d'elle-même. Elle est de droit : elle sera de nécessité ; et
l'assemblée nationale, réduite des trois quarts, n'aura plus
qu'à surveiller la commission exécutive sortie de son
sein pour administrer, et que sa principale occupation
sera de contrôler, de tenir en haleine.

On dit : —Vous renversez la tribune. — Non ! nous l'uni-
versalisons.

Si vous voulez fortifier la conscience générale, faites
cela !

— C'est très-bien. Mais voyons. Jacques est condamne.
Où et comment subira-t-il sa peine ? L'amende, qui la lui
fera payer ?
Qui ? Vous, citoyens.

— Nous ?... mais où donc est la force publique ?
Elle est en vous-mêmes. N'êtes-vous pas tous soldats ?

— Quoi ! nous saisirions Jacques ? Quoi ! nous le condui-
rions nous-mêmes en prison ?
Eh bien, vous faut-il encore des gendarmes ? Etes-vous
trop grands seigneurs pour faire votre besogne vous-
mêmes ? Ressembleriez-vous aux rois, ces hauts justi-
ciers, qui marchaient toujours accompagnés du bourreau,
afin de s'épargner tout contact avec la corde et le cou-
telas !

Votre position est tout autre. D'abord, aucun de vous n'est roi, parce que vous êtes tous rois et maîtres de vous-mêmes. Ensuite, il n'y a plus de bourreaux, même pour les crimes ordinaires, la peine de mort étant absolument abolie. Il n'y a plus même de prison préventive, excepté pour les cas de flagrant délit criminel ; plus de cachot, et surtout plus d'instruction secrète ! Mais, tant qu'il y aura des délits et des peines, il faudra des prisons, et vous y conduirez vous-mêmes le condamné. La liberté publique est à ce prix.

Cela vous semble trop cher, cela vous répugne !... Ah ! citoyens, vous êtes démocrates, et il vous faut des gendarmes, il vous faut la prison préventive... Pourquoi pas la torture ?... Messieurs, retournez à la monarchie, retournez aux branchies !

— Mais, si le criminel s'échappe ?...

Qu'il aille se faire pendre ailleurs !..... L'homme qui fuit les conséquences, les erreurs ou les vengeances judiciaires de la loi écrite, a souvent raison contre elle ; celui qui fuit devant la conscience publique librement exprimée, fuit devant sa propre conscience ; il s'exécute lui-même. Et quand on saura qu'un criminel peut s'échapper, on sera plus vigilant et plus circonspect à l'égard des étrangers, et moins volé par eux qu'on ne l'est aujourd'hui sous la protection des lois et du ministère public.

Si vous voulez fortifier les mœurs, les caractères, le sentiment de la solidarité, faites cela !

— Mais, si Jacques a commis un crime ou un délit, qui le poursuivra ?

Qui ? celui qui aura été lésé dans sa famille, dans ses intérêts, dans ses affections, par Jacques.

— Il n'y a donc plus d'accusateur public ?

Mon Dieu ! non ! plus de ces fonctions contre nature, dont l'exercice déformerait même les plus beaux caractères ; plus de ces fonctions où, à force de chercher toujours le mal, on finit par perdre le sens du bien, où la conscience se perd, où la poursuite du crime devient un moyen d'avancement, une fièvre, une maladie qui, une fois maîtresse de l'homme, n'y laisse presque plus rien d'humain.

Non ! Il y a un citoyen, élu par tous, qui reçoit les plaintes, qui interroge, instruit, verbalise, mais qui ne poursuit jamais d'office, si ce n'est dans le cas de flagrant délit criminel. C'est à peu près ainsi que les choses se passent aux États-Unis. Les États-Unis se portent-ils plus mal que l'Europe ?

Et puis, voyez-vous, c'est à prendre ou à laisser.

Si vous voulez encore des procureurs du roi de la république, des juges d'instruction, des soldats royaux, des gendarmes royaux, des tribunaux permanents ; si vous êtes émus par les clameurs des réactionnaires qui vont vous dire que nous désarmons la société !....... eh bien, retournez aux branchies !

Mais, non ! plus de monarchie ! plus de branchies ! plus d'état fœtal ! Nous comprenons, tous, les conditions de la liberté ; tous, nous en acceptons les devoirs et nous avons le ferme dessein de les remplir. Et, comme la femme qui sent que son terme approche, soupire après la délivrance, nous appelons de tous nos vœux et nous exécuterons, quelque difficile qu'il puisse être, ce grand travail d'enfantement.

Et la délivrance va venir, puisque nous connaissons les conditions transitoires de la nouvelle vie sociale, et ses conditions générales.

Les décrets sont là, rédigés, tout prêts. Ils sont simples, courts et formels. Les demande-t-on ? Mais à quoi bon ? Inutile de discuter sur des détails, quand on est d'accord sur les principes.

— Mais, si vous supprimez tous les codes, qu'allons-nous devenir ? Les codes renferment des dispositions importantes, des garanties de tous les ordres : ne le savez-vous pas ?

Nous le savons ; mais nous savons aussi que la plupart de ces garanties sont des entraves ; nous savons, pour avoir examiné l'un après l'autre tous les titres des cinq codes, que tous sont avantageusement remplacés par la conscience, et qu'il n'y a pas de difficulté qu'elle ne résolve mieux qu'eux.

Et c'est tout simple : les codes n'ont de valeur qu'autant qu'ils sont l'expression écrite des mœurs, des coutumes, des conventions, qui sont elles-mêmes l'expression de la conscience et par conséquent du droit social. Et le droit social n'est pas le résultat des lois : ce sont les lois qui sont le résultat du droit.

D'ailleurs, craignez-vous que le sol manque sous vos pas ? Êtes-vous tellement habitués aux lisières que vous ne croyiez pas pouvoir vous en passer ?... Quand c'est la conscience qui est le seul ressort de la loi, ne prenez donc pas la loi pour l'indispensable ressort de la conscience ! Et parce que vous parvenez à marcher malgré vos lisières, n'allez donc pas croire que ce sont vos lisières qui vous font marcher !

Enfin, si nous supprimons les codes, si nous leur enlevons toute force obligatoire et impérative, rassurez-vous ! nous ne les brûlons pas, et surtout nous n'interdisons pas aux arbitres de les consulter, ne fût-ce que pour contrôler la dictée de leur conscience et pour la fortifier.

Tels, certains organismes qui présidaient à la nutrition du fœtus, n'ayant plus d'utilité par le fait même de la délivrance et par la suppression de leurs fonctions, se transforment en organes subsidiaires, et nous les conservons toute notre vie comme une marque, un souvenir, un rappel de l'âge embryonnaire.

Les recueils juridiques subsisteront donc ; et, dans les cours publics, on exposera l'histoire du droit, comme on expose l'histoire des êtres fossiles. Dans ces cours, dans ces recueils, les arbitres trouveront des renseignements. Nous les consulterons nous-mêmes, et nous y puiserons de nouveaux motifs de conviction : oui! pour nous fortifier dans le projet bien arrêté de détruire les codes, nous parcourrons les codes, et nous parlerons du contrat, des obligations, de l'héritage et de bien d'autres questions très-intéressantes sans doute, mais secondaires et qui peuvent être remises au surlendemain. Attachons-nous d'abord aux plus urgentes, et soyons prêts !

Nous le sommes ; nous savons ce qui doit être immédiatement détruit, ce qui doit être immédiatement remplacé ; nous voulons :

A l'intérieur, libre expérimentation de tous les systèmes économiques, et libre développement de tous les organismes nouveaux ;

A l'extérieur, libre formation des groupes nationaux ; gravitation libre des peuples entr'eux, s'exprimant, en premier degré, par une fédération démocratique européenne.

Voilà ce que nous voulons tous....

Tous ? c'est trop dire .... Mais qu'importe que tous ne soient pas prêts, du moment que nous savons à quels signes reconnaître ceux qui le sont ?

V.

Tout citoyen peut être prêtre.

Pour traiter un pareil sujet, il faudrait des volumes. Le socialisme possède sur cette matière des travaux considérables. Mais ils sont incomplets et peu connus. Consacrons-y quelques lignes.

S'il est vrai que la société soit encore à l'état embryonnaire, il est tout simple que la force religieuse y soit embryonnaire, elle aussi, tout comme la force armée, tout comme la force juridique.

Aussi, sans manquer de respect ni d'amour pour cette divine personnalité du Christ, qui a dit à ses apôtres : « j'ai encore beaucoup de choses à vous dire, mais vous ne pourriez pas les porter, » et qui reste encore aujourd'hui l'expression la plus élevée du lien religieux sur cette terre, il nous sera permis de signaler les lacunes de la religion qu'on a établie sur son Verbe.

Que ce Verbe contienne en puissance tous les développements religieux dont le passé n'était pas capable, et que complètera l'avenir, comme le gland contient la tigelle qui sera plus tard le chêne aux puissants rameaux, nous sommes disposés à le croire. Aussi n'est-ce pas du Verbe que nous allons parler, mais de la tigelle religieuse qui est sortie de ce divin cotylédon.

Or, aucune des communions chrétiennes n'admet, que nous sachions, *l'éternité de l'âme*. Elles n'en admettent que *l'immortalité*, sans nous dire comment ce qui a pu naître un jour peut ne pas mourir, ou comment ce qui est immortel peut n'être pas éternel.

La doctrine chrétienne, telle qu'elle est formulée par ses fondateurs et acceptée par les fidèles, n'établit donc qu'un lien simple de la terre au ciel, mais aucun du ciel à la terre.

On nous dira que Jésus-Christ est venu renouveler l'alliance, après que Dieu l'eût établie en Adam et continuée en Noé, en Abraham et en Moïse. On ajoutera que le fils de Dieu est toujours présent parmi nous, réellement présent dans l'Eucharistie.

Mais la présence réelle par la transubstantiation, encore bien qu'on y ait foi, mais l'intervention périodique de Dieu dans les affaires de ce monde, encore bien qu'on puisse la faire rentrer dans les lois générales, n'établissent toujours, pour les hommes, qu'un lien ascendant de la terre au ciel.

La preuve que les docteurs de l'église le comprennent ainsi, c'est qu'ils ont exilé la terre des cieux, c'est qu'ils en ont fait une vallée de larmes, un séjour de douleur où l'homme ne doit penser qu'au ciel, sa vraie, son unique patrie.

Et c'était logique. A quoi bon ferions-nous de cette terre une vallée de bonheur, puisque, une fois partis (et nous y restons si peu !), nous n'y revenons plus jamais, puisque nous ne la quittons que pour nous abîmer au sein de l'être infini ! . Impossible, d'ailleurs, d'y faire descendre la lumière, et le règne de Dieu, et sa justice *(sicut in cœlo et in terrâ)*, puisque Dieu la tient hors des cieux !

Aussi la prière dominicale n'est-elle prononcée que du bout des-lèvres par les fidèles et même par la plupart des prêtres qui n'en comprennent plus le sens.

Aussi « le christianisme, jusqu'ici confiné, en ce qui tient au dogme, dans la théologie pure, et, en ce qui tient aux préceptes, dans la vie domestique, les relations individuelles, n'a-t-il encore pénétré directement ni dans la science, ni dans les institutions sociales (1). »

Aussi l'Eglise, se préoccupant exclusivement de la moralisation individuelle, et nous osons dire *individualiste*, a-t-elle laissé en dehors d'elle tout ce qui concerne la nature, les conditions et le mécanisme des rapports sociaux, cette branche capitale de la vraie religion, de la religion universelle. Et cela encore est logique. Ayant manqué le problème de l'âme, l'Eglise devait manquer celui de la vie sociale, celui des institutions.

Mais le problème de la vie sociale est si intimement lié à celui de la vie future, que l'Eglise, en manquant l'un, devait nécessairement manquer l'autre. Et en effet, cette perpétuelle contemplation, cette immobilité perpétuelle

____

(1) *De la religion*, par Lamennais.

qui nous est promise au sein de l'être infini, qu'est-ce au fond, que la cessation de la vie et l'anéantissement de nous-mêmes? Quoi ! l'âme n'est pas éternelle dans le passé; elle vient du néant, et elle y retourne! Quelle différence sépare donc cette conception religieuse de la doctrine matérialiste?.....

Ah ! si l'âme était éternelle, si elle renaissait dans l'Humanité, au sein des générations successives ; si nous accomplissions ici-bas des retours pour y travailler à notre perfectionnement individuel et collectif, — préparation nécessaire pour une exaltation, pour une ascension promise, mais qu'il faut mériter et conquérir; —si ces retours se conciliaient avec le sentiment de notre identité, de notre personnalité, avec la mémoire, avec la conscience de notre continuité, d'une vie supérieure à une autre vie supérieure, telle que nous l'avons ici-bas d'une veille à une autre veille ; — alors tout change de face. —Alors il y a un lien ascendant de la terre au ciel. -- Alors ce ne serait plus la crainte qui serait le ressort des rapports religieux comme des rapports sociaux : ce serait l'amour! —Alors vous n'entendriez plus les hommes s'écrier : « mon Dieu, sauvez-moi! » mais : « mon Dieu, sauvez-nous!» — Alors, observant pour la première fois les recommandations de Jésus, tous les hommes seraient véritablement frères, tous se voudraient entr'aider, tous seraient réellement unis, tous s'aimeraient, tous briseraient à l'envi les chaînes morales et matérielles de l'embryon social, et tous s'ingénieraient à créer des garanties contre le mal et des institutions pour le bien ; car tous sentiraient qu'étant « membres les uns des autres, » ils ne peuvent se sauver les uns sans les autres, non-seulement dans la vie présente, mais encore dans la vie future où les attend, si Dieu est juste, le sort de l'esclave, tant qu'ils y retrouveront des esclaves, — du prolétaire, tant qu'ils y retrouveront des prolétaires, — de l'ignorant et de l'opprimé, tant qu'ils y laisseront des opprimés et des ignorants.

Et alors, sera prêtre qui sera élu; et alors sera sacré pontife qui, enfermant en soi le plus vaste foyer divin, saura le mieux réchauffer ses frères au feu de l'amour universel.

Et la terre est encore un séjour d'épreuve et de préparation; mais elle cesse d'être vouée aux larmes et à la douleur.

Et on ne blasphème plus, disant : « ah ! s'il y avait un Dieu !... »

Oui, il y a un Dieu ! oui, Dieu est juste ! Mais pour vous, sa justice est enveloppée, embryonnaire, ténébreuse, tortueuse; et lui-même n'est qu'un Dieu-embryon ! Comment serait-il autre pour des embryons ? Développez-vous, si vous voulez qu'il se développe. Faites la justice, si vous voulez qu'il soit le Dieu juste. Et si vous voulez qu'il cesse d'être le Dieu jaloux et irrité, le Dieu vengeur, le Dieu des armées, supprimez les armées, et la guerre, et la colère, et la haine!

Nous en avons trop dit peut-être, et nous regrettons d'être réduits à en dire si peu; car c'est là un sujet noble et magnifique, le plus digne à coup sûr d'occuper des hommes sérieux et qui savent que, comme les sociétés oppressives reposaient sur un dogme religieux adéquat à leur tempérament, la Société démocratique doit avoir le sien, et que, même, la Démocratie ne sera réellement instaurée que du jour où son dogme sera par elle reconnu et généralement accepté.

Mais il ne s'agit point, ici, de fonder un dogme, Dieu nous en garde! et surtout de prétendre apporter une proposition nouvelle, inconnue au Christ.

Que Jésus ait eu l'idée des retours et des transmigrations, d'ailleurs si répandue chez les Orientaux, il suffit, pour s'en convaincre, d'ouvrir les Évangiles et de voir comme le divin Maître y parle de Jean, d'Élie et de lui-même (1). Il n'en est pas moins vrai que ces textes si importants n'ont pas encore été vivifiés. Peut-être est-ce à cause de leur importance même. Peut-être les hommes n'étaient-ils pas encore en état de les porter. Aussi nous n'osons reprocher aux grands esprits qui ont fondé le christianisme d'avoir tenu dans l'ombre cette face capitale de la vérité religieuse, et que Jésus-Christ entoure habituellement de ces paroles sacramentelles : *qui habet aures audiendi audiat !*

Nous voulons simplement montrer à ceux qui n'y auraient pas suffisamment réfléchi et qui négligent la source pure du Verbe pour s'en tenir à la religion de leur curé, nous voulons leur donner à comprendre que l'esprit religieux est loin d'avoir dit son dernier mot, bien loin d'avoir accompli sa dernière évolution, et qu'enfin l'avenir nous réserve encore des Pentecôtes.

Or, l'Esprit-saint ne descend jamais que sur des hommes dégagés des préjugés de leur temps, sur des hommes libres. Soyons libres, d'abord! et que chacun de nous profite ensuite de sa liberté pour mettre en lumière ses aspirations religieuses!

Spectacle tout nouveau, sans doute, et bien fait pour édifier le monde, que d'accorder ces trois termes,— liberté, religion, lumière!

Ce spectacle, il sera donné aux hommes. Oui! si nous voulons favoriser les élans de l'âme, si nous voulons développer la force religieuse et la force scientifique (qui ne feront un jour qu'une seule et même force), donnons, donnons la lumière et la liberté!

—Mais, disent quelques-uns, les religions n'ayant jamais produit que des horreurs, — sacrifices humains, bûchers, massacres, exterminations pieuses, — il serait plus simple

---

(1) MATHIEU, XI, 14; XVI, 14; XVII, 10, 11, 12. — LUC, IX, 8, 19.— MARC, IX, 10, 11, 12.

de les supprimer toutes et de nier Dieu lui-même, qui, à
titre d'absolu, nous a valu l'absolutisme.....

Ce serait commode, si c'était possible et si l'homme était
un autre être.....

Impuissants! vous ignorez que les meilleures choses
sont les pires quand elles fonctionnent à contre-sens, et
vous rejetez tous les ressorts dont vous ne connaissez pas
l'emploi régulier! — Ainsi opinent, de leur côté, les adversaires du vote universel et ceux de la Législation
directe .... Impuissance et négation, fondâtes-vous jamais
quelque chose?.....

D'ailleurs, quelle autre suppression voulez-vous que la
suppression du budget des cultes? Cette suppression faite,
s'il doit être permis de nier Dieu, il ne sera pas moins permis, sans doute, de l'affirmer et de l'adorer...

Ainsi, nous sommes d'accord; ainsi tous les voiles disparaissent, et toutes les obscurités se résolvent dans la
liberté et par la liberté, parce que, la liberté, c'est la lumière!

VI.

Vous donc, ô nos concitoyens de l'intérieur, qui ne vous
êtes laissé surprendre par la tyrannie que parce que l'au-
rore du nouveau monde vous est apparue couverte de
nuages sombres, rouges, effrayants, comprenez-vous maintenant? — Ce que la Démocratie fera, le Despotisme ne
le peut faire. Le voulût-il, qu'il ne le pourrait pas.

Non! Cyrus, Darius, Salomon, César, Charlemagne,
Louis XIV, et tous les grands despotes réunis, ne pourraient
entreprendre ces transformations glorieuses que détermine
si promptement et si naturellement un libre courant
d'idées. Parce que le courant des idées entraîne dans sa
marche toutes les forces vives, tandis que la volonté du
despote n'entraîne que lui-même ou quelques courtisans
et quelques courtisanes.

Et puis, croyez-nous! les nations, pas plus que les individus, ne se sauvent par le crime. Un règne inauguré par
d'aussi grands forfaits, préparé et précédé par la violation
de toutes les lois divines et humaines, est condamné, par
cela seul, à l'impuissance et à la stérilité. Les grands criminels s'imposent : ils ne fécondent pas; et Dieu, qui leur
laisse le présent, se réserve l'avenir.

Depuis cinq ans que la réaction domine, depuis plus de
deux ans que le despotisme, déjà maître du reste de l'Europe, s'est abattu sur la France, qu'a-t-il fait à l'intérieur?
Rien, si ce n'est la misère universelle, ce précurseur des
crises qui délivrent.

Et, à l'extérieur, qu'ont produit les fanfaronnades de nos
traîneurs de sabre? A quoi ont abouti toutes ces menaces
à l'Angleterre, à la Belgique, à la Suisse, au Piémont? A

prendre possession de la nouvelle Calédonie! un pénitencier de plus !

Et cette question d'Orient, qu'est-elle, sinon le champ où s'étalent toutes les hypocrisies, toutes les lâchetés, tous les désarrois, toutes les peurs qui attestent la décrépitude des vieux systèmes ?

Qu'à la place des tyrannies qui dévorent l'Europe et qui répandent tant de sang pour se disputer le bétail humain, soit installée la Démocratie, et aussitôt, de quoi s'agit-il ? D'une question de territoire, d'une question de nationalité. Dans ces querelles qui les intéressent au suprême degré, que sont aujourd'hui les populations qu'on s'arrache ? Rien. Que doivent-elles être ? Tout!

S'il y avait un peu de bonne foi dans le monde, un peu de sentiments libéraux, un peu d'humanité, est-ce que l'on ne commencerait pas par demander à ces peuples s'ils veulent être Russes, ou Turcs, ou s'ils veulent être et rester eux-mêmes ?

Le Despotisme se garde bien de poser de pareilles questions : il préfère pêcher en eau trouble.

La Démocratie les pose incessamment. Elle consulte les peuples, et leur réponse fixe leur destinée ; et la guerre n'a plus de raison d'être, et l'on cesse d'envoyer à la bouche des canons tant d'hommes qui pourraient labourer la terre, tant de braves gens à qui l'on commande de tuer leurs semblables, et qui tuent — sans savoir pourquoi. Et la paix règne sur le monde, et la fraternité des peuples et des races se resserre par les causes mêmes qui provoquent aujourd'hui tant de luttes, de haines et d'exterminations.

Donc, à l'intérieur comme à l'extérieur, impuissance du Despotisme. Nulle part le progrès. Partout l'immobilité et les ténèbres!

Avec le principe démocratique, maître enfin des questions d'avenir, partout le progrès, partout la lumière, et le travail, et le bien-être physique, intellectuel et moral !

Y voyez-vous clair maintenant ? Si le silence de plomb qui pèse sur vos têtes vous isole des penseurs généreux, si le cordon sanitaire et stupéfiant dont vous êtes entourés, vous soustrait à l'atteinte des idées, l'expérience de ces cinq années ne vous suffit-elle pas ? Que vous faut-il de plus? N'êtes-vous pas assez bernés, molestés, humiliés, écrasés, bâillonnés inquisitionnés, perquisitionnés, violés, volés, escroqués, ruinés ? N'entendez-vous pas les propos des aides-de-camp, ces hommes d'esprit qui se gaussent de vous, disant : « Pardon, sire ! mais votre Majesté abuse de la lâcheté de ces drôles... » Et cet autre, qui, de marquis, s'est fait bonapartiste : « Ah ! ah ! palsembleu ! c'est aussi se moquer un peu trop du peuple. »

Citoyens, nous vous le disons avec fraternité, mais avec une juste sévérité! Que le cœur d'un peuple défaille à de certains moments, quand il est surpris par une trahison infernale; qu'il se laisse décimer sous le coup de cette défaillance; qu'il oublie même ceux de ses concitoyens qui n'ont été frappés que parce qu'ils étaient les premiers et les plus vaillants sur la brèche, cela se conçoit. Mais, si cela dure, le peuple qui subit de telles atteintes, se rend digne de mépris.

Or, nous qui avons fait notre devoir, nous trouvons que vous manquez au vôtre. Nous qui sommes prêts pour le lendemain, nous trouvons que le jour tarde à paraître. Nous le trouvons, non par impatience de l'exil, mais par impatience du joug honteux qui vous étreint, et auquel la proscription nous permet du moins d'échapper.

Ce joug, y seriez-vous déjà façonnés? ou, serait-il vrai, comme on nous le dit, que le sentiment qui domine en France ne s'élève pas même aux proportions de la terreur, mais se réduit à celle d'une ignoble venette?

Citoyens, nous qui vous défendons quand on vous attaque; Peuple! nous qui ne t'attaquons pas aujourd'hui, parce que nous ne t'avons jamais flatté; nous enfin qui t'avons quelquefois conseillé la patience, eh! bien...... il faut être sincère avec ses amis..... nous te trouvons plus patient que de raison, plus patient que de dignité.

Après tout, l'état misérable où vous êtes ne nous afflige que parce que nous vous aimons. Car, au point de vue de la raison neutre et arbitrale, il est évident que la France méritait une expiation. Pendant que la moitié d'un peuple joue une comédie hypocrite contre des institutions qu'elle déteste et qu'elle fait mine d'acclamer, ce n'est pas impunément que l'autre moitié se laisse duper par ces tartufes, et leur livre un à un, qui pour les pontons et la transportation, qui pour Belle-Isle, qui pour le Mont Saint-Michel, pour Nouka-Hiva, pour Lambessa, pour Cayenne, qui pour l'internement, qui pour l'expulsion, qui pour la fusillade, qui même pour la guillotine, ses plus dévoués défenseurs.

Seulement nous trouvons que la correction qu'on vous inflige est un peu rude, que l'ignominie se prolonge, et que vous dormez longtemps dans le crime qui a couronné tous ces crimes et qui affirme que vous l'avez couronné.

Citoyens, garde à vous! Il y a des hommes qu'on dégrade et des nations qu'on abrutit!

Mais la dégradation, l'abrutissement, c'est la fin de la vie morale, c'est la mort. Voulez-vous que l'histoire écrive sur votre dos :

FIN DU PEUPLE FRANÇAIS !

25 avril 1854.

London, Hobbis and Son, printers.

POUR RÉPONDRE

A

LA QUESTION

DU

LENDEMAIN.

—

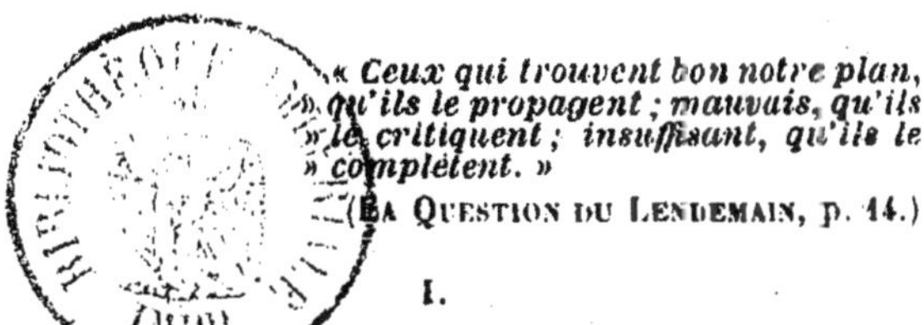

> « *Ceux qui trouvent bon notre plan,*
> *qu'ils le propagent ; mauvais, qu'ils*
> *le critiquent ; insuffisant, qu'ils le*
> *complètent.* »
> (LA QUESTION DU LENDEMAIN, p. 14.)

I.

Aux démocrates justement préoccupés de la *question du Lendemain* et qui nous en ont proposé l'étude, salut !

Vous appelez les critiques et les compléments. Nous venons vous critiquer, vous compléter et vous interroger.

Sachez d'abord, Citoyens ! que, sur les dispositions du décret que vous proposez, comme sur le but de la mesure qui doit avoir pour effet d'assurer la continuité du travail, au lendemain de la Révolution, nous sommes de cœur avec vous. Et si nous avons quelques observations à vous présenter sur la nature des moyens que cette mesure comporte, nous nous hâtons de déclarer que, contre leur efficacité pratique, nous avons entendu émettre peu d'objections dignes d'être discutées.

On a dit, par exemple : « Ce plan ne donne pas d'ouvrage aux petits métiers, aux artisans qui chômeront faute de demandes. »

Nous répondons pour vous que les demandes ne chômeront que si les travaux agricoles et manufacturiers languissent. Mais, si l'ouvrier et le paysan travaillent, ils consommeront ; et, depuis le bimbelotier, le bijoutier et la modiste jusqu'au charpentier et au maçon, tous auront des commandes.

Un axiome généralement admis en politique gouvernementale est celui-ci : « Quand la bâtisse va, tout va. »

Ceux qui parlent ainsi ne pensent qu'aux villes ; et encore prennent-ils l'effet pour la cause. La bâtisse ne va que lorsque l'usine et le champ prospèrent. C'est donc à eux qu'il faut songer, parce qu'ils sont la base, le point de départ du travail social.

Voulez-vous nourrir les rameaux ? donnez de la sève au tronc.

Aussi, rien de plus simple et de plus naturel que les moyens capables d'exciter le travail manufacturier et agricole. Rien de plus factice, au contraire, que les procédés excitateurs de la bâtisse.

Ce qui se passe en ce moment à Paris en est la preuve. Le bâtiment va... vous savez par quels moyens ruineux.... Mais les autres industries sont aux abois... Et, pour comble de misère, ne voilà-t-il pas qu'ils consacrent des millions pour rouvrir de toutes parts et pour subventionner, sous le titre d'*ateliers de charité*, de véritables *ateliers nationaux* (grand'honte après avoir tant bafoué ceux du citoyen Marie!).

Au reste, cette réouverture des ateliers nationaux, en plein despotisme impérial, et qui n'a pas même l'excuse d'une nécessité révolutionnaire, montre que l'esprit inventif de nos adversaires n'est guère à la hauteur des difficultés du jour, qui constitueront pour nous la question du lendemain.

Oui, la question du lendemain est la question capitale, la question urgente. L'opinion marche en France, les événements se pressent en Europe. Qui sait le jour de la délivrance ! Ce jour.... Ah ! si l'on pouvait séparer et mettre en ligne les éléments similaires, si l'on pouvait dégager toutes les forces démocratiques qui, à leur insu ou par nécessité, sont engagées dans les rangs du despotisme, ce jour, il luirait bientôt, et le triomphe de la Démocratie serait assuré.'

Mais, dans ce chaos social, où l'œil qui cherche la lumière se heurte à tant de confusions, de promiscuités et d'obscurités, les questions européennes sont si mal posées, si embrouillées, si enchevêtrées, que la victoire pourrait bien, à la faveur des ténèbres, rester encore au despotisme qui donnerait alors, pour quelque temps du moins, le coup de grâce à la civilisation.

Heureusement que la Liberté forme en ce moment sa réserve en Amérique où ses plus énergiques éléments affluent de toutes parts : de l'Irlande spoliée, de la féodale Allemagne qui se dépeuple rapidement (et c'est bien fait!), de la Chine elle-même et du Japon !

Aussi, quelques fautes que nous commettions contre notre propre cause, l'avenir du progrès n'est pas en question.

Mais le Progrès perd quelquefois ses parties. Il en a perdu une belle en 1848, faute d'être prêt. Si le sort nous favorise une fois de plus dans la vieille Europe, et que nous ne soyons pas prêts, nous serons inexcusables et presque criminels.

IL FAUT ÊTRE PRÊTS !

Il le faut. Tous le sentent, et si l'on excepte deux ou trois

esprits désorientés, de ceux qui n'ont pas ce plan et qui
n'aiment pas que d'autres en proposent, tous ont applaudi
à votre initiative, et tous conviennent que la question,
telle que vous l'avez posée, est bien réellement la question
du lendemain.

Oui, l'expérience est là pour l'attester, la question révolutionnaire se résoud dans celle du travail qui ne peut,
au lendemain de la révolution, se résoudre elle-même que
dans le fonctionnement des instruments *actuels* de la
production et des échanges. C'est donc sur ces instruments que la Révolution devra avoir l'œil, et le succès
de la mesure proposée dépendra uniquement de la vigueur
de l'exécution.

Cela est incontestable, et même, nous le disons sans
vouloir amoindrir le mérite de votre plan, la proposition
n'est pas nouvelle. A beaucoup d'ouvriers, en 1848, cette
idée était venue. Elle n'était pas mûre alors. Il est temps
de la reprendre, de l'étudier, de la mûrir. Etude fortifiante et de nature à relever bien des courages !

II.

Nous vous l'avouerons en toute franchise, votre plan nous
a paru tout d'abord, non pas trop révolutionnaire, mais
un peu bien autocratique.

Nous sommes de ceux qui voulons le moins de gouvernement possible, qui même n'en voudrions pas du tout,
et votre mesure est une mesure gouvernementale, dictato-
riale même, ne vous y trompez pas !

Mais, à côté de nous, d'autres, en reconnaissant qu'elle
réserve tous les droits, qu'elle préserve de toute atteinte
la liberté des citoyens, — depuis la liberté du travail jusqu'à la liberté du vote dont elle assure la parfaite
indépendance, — la trouvent anodine et peu en rapport
avec les droits de revendication acquis, de lésion réactionnaire, à la Révolution.

Alors nous avons réfléchi, nous avons cherché à quoi
tient ce caractère, à la fois gouvernemental et libéral,
d'une mesure qui nous paraît juste au fond, et nous nous
sommes demandé si toute mesure transitoire ne doit pas
nécessairement présenter deux faces reflétant, l'une le
passé, l'autre l'avenir, l'une le principe d'où elle part et
qui lui est imposé, l'autre le principe où elle tend.

Il n'y a pas de vérité de fait qui n'ait sa base dans une
vérité philosophique. Votre travail repose évidemment sur
une vérité de cet ordre; car vous n'êtes pas seulement ré-
publicains-démocrates : vous êtes démocrates-socialistes,
nous le voyons bien.

Vous avez évité la discussion théorique, et vous avez
peut-être bien fait. Mais ce n'en est pas moins une lacune
qui provoque les objections, et prive les esprits exigeants
des apaisements auxquels ils ont droit.

Nous aborderons, nous, ce côté de la question. A chaque chose son temps, et à chacun sa tâche.

D'ailleurs, il ne faut pas tant dédaigner les théories. *Théoriser*, c'est exercer son droit de libre examen. Le dédain des théories convient aux marquis et aux bonapartistes, il messied aux démocrates.

Et puis, sans emprunter leurs arguments aux Saint-Simoniens, aux Phalanstériens ou aux Communistes, on peut fonder une théorie de transition sociale en s'appuyant simplement sur la science physiologique. C'est ce que nous allons faire.

De quoi s'agit-il en effet?

La Société européenne est en mal d'un nouveau monde. Le jour où le nouveau-né se présentera, les hommes du passé crieront : « Sacrifiez l'enfant! sauvez la mère! »

Et, que diront les hommes de l'avenir : « Préoccupez-vous de l'enfant : en le sauvant, vous sauvez aussi la mère! »

Mais, pour les sauver, que faire? Avoir recours au forceps?... Encore faut-il en connaître le maniement... Car c'est un instrument dangereux.

Quoi! serions-nous acculés dans une impasse? Quoi! la nature qui a si admirablement approprié les organes de tous les êtres à leur mode d'être, de croître, de respirer; la nature qui donne des ailes à l'oiseau qu'elle incite à voler, des nageoires au poisson qu'elle incite à nager; la nature qui suggère au fœtus l'instinct de graviter vers sa destinée lumineuse, aurait-elle refusé à l'Humanité l'intelligence et les moyens de se diriger dans la sienne?...

Toutes les religions et toutes les philosophies pensent le contraire. L'univers moral a ses lois, comme l'univers physique, et ces lois sont unes. Cherchons et nous trouverons...

III.

Permettez-nous une rectification.

Vous avez dit : « La Démocratie ne peut procéder comme le Despotisme, parce qu'elle a un autre tempérament. »

Non-seulement la Démocratie et le Despotisme n'ont pas le même tempérament; mais ce sont deux formes, et pour ainsi parler, deux êtres distincts dont les organes, c'est-à-dire les institutions, présentent des contrastes fondamentaux et frappants.

A quoi bon les énumérer? tout le monde les connaît : tout le monde convient que, si le Despotisme vit par ses organes propres, la Démocratie ne peut vivre que par les siens.

Les rétrogrades le savent bien, qui détruisent avec tant d'acharnement et tant de hâte les faibles rudiments démocratiques qu'avait préparés 1848, et rétablissent, autant qu'ils le peuvent, les formes du passé.

Serions-nous moins intelligents que les rétrogrades ? e voulons-nous justifier le reproche qu'ils adressent à quelques-uns d'entre nous de rêver la plus impossible des utopies, — une République avec les institutions de la monarchie ?

Que voulons-nous ? Passer de monarchie en république. Si c'est possible, la nature nous le dira certainement : et elle nous fournira les exemples, et elle nous indiquera les procédés.

Les procédés sont très-simples, et les exemples sont nombreux ; ils sont de tous les règnes, ils sont de toutes les latitudes, ils sont universels. Parce qu'il ne s'agit pas ici d'un être ou d'un peuple spécial : il s'agit de tous les peuples ; il s'agit des lois mêmes de la vie.

Avant d'atteindre à leur état normal, tous les êtres organisés, — depuis la plante la plus simple jusqu'à l'animal le plus parfait, — passent par des états inférieurs. Il suffit d'étudier un de ces passages dans un être quelconque et de prendre la nature sur le fait.

Prenons l'organisation de l'homme lui-même, et demandons à la nature ses procédés pour les appliquer ensuite à la société, qui est l'homme collectif.

Le fœtus qui s'agite dans les eaux de l'amnios, ne paraît pas essentiellement différent de l'enfant qui vient de naître. Au premier abord, et à la surface, c'est un seul et même être.

Et cependant, entre le fœtus et l'enfant, il y a tout un abîme, ou plutôt tout un monde.

Le fœtus vit, comprimé, enchaîné, dans un milieu inférieur, liquide, ténébreux. Ce n'est pas un être : c'est l'annexe d'un autre être. Comme l'esclave vit des restes du maître qu'il est obligé de suivre, il vit de la substance de la mère dont les flancs sont sa prison, et où, comme l'esclave, il ne respire pas le grand air, l'air libre.

C'est, comme l'esclave et selon l'énergique expression des latins, un être *diminué* (*minutus*), qui ne compte pas, et qui, pour arriver au jour, à la liberté, se livre à des mouvements convulsifs et révolutionnaires.

Il ne respire pas le grand air, et c'est tout simple : pour respirer le grand air, il faut des organes spéciaux, appropriés à l'atmosphère ; il faut des poumons ; et le fœtus n'a d'abord que des appareils branchiaux, à la manière des poissons, de la plupart des mollusques, de tous les êtres, en un mot, qui sont destinés à la vie inférieure, à la vie aquatique.

Les branchies forment un appareil avec lequel, dans le milieu liquide, 600 fois plus dense et partant 600 fois moins favorable à la liberté que l'atmosphère, on peut cependant respirer, mais avec une énorme dépense de force, soit l'eau, soit l'air qu'elle tient en dissolution.

Cet appareil respiratoire n'est pas fait pour l'atmosphère, où l'oxigène est infiniment plus facile à soutirer que dans l'eau. Il y faut un organe plus délicat et plus parfait. Et si le fœtus parvenait, à force de mouvements émancipateurs, à briser ses liens, quand il n'a encore que des branchies, il mourrait infailliblement, comme meurent les poissons à l'air libre.

Cela arrive quelquefois, soit à cause de la mauvaise constitution de l'enfant, soit à cause de la débilité de la mère, et le plus souvent par sa faute, par son imprudence, par son imprévoyance, par son inexpérience. Cela s'appelle un avortement, un mort-né, et quand la mère ne veut pas convenir de ses torts, elle dit qu'elle a été *surprise*, ou victime d'une *catastrophe*.

Cependant, il faut que le fœtus arrive à la vie libre : c'est sa destinée ! Il ne le peut avec des branchies, et d'ailleurs, à vrai dire, il n'en fait aucun usage ; les artères maternelles lui envoient les globules sanguins, et ne lui laissent pas même, comme à l'esclave, le soin de préparer sa triste nourriture. On la lui prépare, assez pauvre en éléments nutritifs, car le sang qui vient du placenta est peu oxigéné. Elle lui convient ainsi. Mais, qu'elle lui convienne ou non, il faut qu'il l'accepte; il n'est pas libre de la refuser, et si la mère s'empoisonne, il absorbe sa part du poison.

Ses arcs branchiaux ne lui servent donc qu'à reproduire, à rappeler, en vertu de la loi d'unité qui rattache tous les degrés de la Création, une des phases de l'animalité où la vie extérieure commence avant que l'être soit complété.

En effet, chez certains animaux dont les organes reproducteurs, trop simples pour que la vie fœtale y puisse accomplir tous ses développements , rejettent le fœtus avant sa complète évolution, les branchies remplissent réellement, durant l'époque fœtale extérieure, la fonction respiratoire.

Les batraciens sont dans ce cas. La grenouille n'accouche pas d'une grenouille : elle accouche d'un œuf d'où l'on voit bientôt sortir, non pas une grenouille, mais un fœtus qui n'est encore qu'un poisson, muni de nageoires et respirant par des branchies : c'est le têtard.

Le têtard est un être singulier, exceptionnel, qui ne peut vivre que s'il cesse d'être poisson, et qui, destiné à l'air libre, périt si on le tire de l'eau avant le temps.

Et, chose remarquable! il cherche la lumière, et si on la lui refuse, si on le tient à l'ombre, dans l'obscurité, il y périra plutôt que de se transformer.

Nous appelons toute votre attention sur ces originalités de la nature. A montrer en quoi elles se rapportent aux choses de la société humaine, nous croirions faire injure à votre intelligence.

La vie branchiale, la vie fœtale, la vie du têtard, la vie inférieure, la vie aquatique, c'est le monde actuel qui, avec des organes grossiers, imparfaits, véritables branchies appropriées à son mode d'être, dépense une force énorme pour aboutir à l'indigence, à l'ignorance, aux ténèbres, à la lutte, à la compression, à la guerre, — tout cela se tient.

Le salarié, ce serf industriel, cet annexe de la machine et de l'usine, qui demande la lumière et à qui on la refuse, et qui, comprimé, gêné, entravé, étouffé, mal nourri au moral comme au physique, s'agite convulsivement dans son obscurité et dans ses liens, c'est l'expression la plus saillante du fœtus social qui veut atteindre à l'air libre, et qui y atteindra, dût-il compromettre l'existence à laquelle il est attaché. A-t-il tort? Quand l'avortement arrive, n'est-ce pas, ô réacteurs! n'est-ce pas la faute de la mère?.... ou celle des grands parents?....

IV.

Or, dans le monde têtard, tous les êtres moraux respirent avec des branchies, et subissent plus ou moins l'action du milieu qui les étreint, — vrais fœtus voués à la compression, et qui l'acceptent d'autorité extérieure et indiscutable.

Qu'est-ce que l'armée? un fœtus !
La magistrature actuelle : un fœtus !
L'administration actuelle : un fœtus !
Les douanes : fœtus !
L'église : fœtus !

Toutes ces institutions, toutes ces corporations sont des fœtus, car aucune d'elles ne vit de sa vie propre et spontanée, et l'impulsion leur vient à toutes de l'extérieur.

Armée et obéissance passive, c'est tout un. Et qu'est-ce que l'obéissance passive, sinon la subordination aveugle d'un être embryonnaire à quelque chose qui l'enveloppe et qui ne se laisse pas discuter ?

Magistrature et application de la loi, aujourd'hui, c'est tout un. Et appliquer la loi, appliquer des textes, c'est mettre sa raison et sa conscience au service et à la discrétion d'une raison supérieure, qui a délibéré ce qui est bien, ce qui est mal, et mesuré d'avance les doses de justice et de vérité.

Et qu'on ne s'y trompe pas, ce que nous critiquons ici, ce n'est pas le fait historique, qui a eu sa raison d'être et sa légitimité. Il est certain que, tant que le fœtus n'est pas prêt, l'autorité, même compressive, de la mère, lui est indispensable. Mais, sans méconnaître les services qu'a pu rendre la mère, il doit être permis d'émanciper l'enfant...

L'administration actuelle et les douanes qui en sont une dépendance, sont-elles, plus que l'armée, plus que la magistrature, un résultat libre et spontané de la vie sociale ? Non ! elles sont, comme tout le reste, un produit de cette autorité extérieure, dominatrice, qui envoie ou refuse les globules sanguins aux veines du fœtus social.

Et les cultes ! les cultes, ce sanctuaire où rien n'est vrai, où rien ne peut être saint, si ce n'est par la libre exaltation, soit de l'âme des fidèles vers un Dieu miséricordieux, soit des lévites que l'amour et la confiance de tous devraient sacrer prêtres et pontifes.... Combien ils sont loin d'échapper à l'autorité compressive, soit que, venant de Rome, elle s'impose à la raison et se refuse à l'examen, soit que, venant de César et du budget, elle impose des restrictions à la liberté et des réticences à la pensée !

Et vous voudriez enter la liberté sur des institutions ainsi faites par et pour la compression physique et morale !

Et, quand vous voyez le poisson faire tant d'efforts pour retourner à l'eau, vous seriez étonnés qu'un ordre social, appelé par hypothèse *République*, s'agitât pour retourner à la monarchie dont il a conservé tous les organes !

Ah ! Citoyens ! rêver une République, une Démocratie, avec ces formes vieillies, c'est imaginer un cheval avec des branchies, ou une carpe avec des poumons ; et ce qui doit le plus étonner dans cette aventure, c'est le naïf étonnement de ceux des républicains qui ont pu nourrir une pareille idée..... Ce n'était pas une idée : c'était un rêve qui s'est promptement évanoui.

V.

Mais comment passer du monde monarchique au monde démocratique, du monde de luttes et de despotisme ténébreux au monde de paix et de liberté féconde ?

N'oublions pas qu'il est des êtres dont le développement s'arrête à l'état fœtal ou monarchique.

Il y a même des races tout entières qui ne peuvent, du moins par elles-mêmes, parvenir à la vie libre. Elles se nouent, se déforment, se rachitisent. C'est quelquefois la faute des circonstances, et l'on connaît des substances, et des plus énergiques, qui, à force d'être refoulées, écrasées, aplaties, finissent par perdre toute leur élasticité.. . Voyez l'Irlande, ce grand crime anglais, cette grande infortune !

Voulons-nous conjurer l'arrêt de développement dont est menacée en ce moment l'Europe, et par l'Europe, l'Humanité ?

Ecoutons bien ce que va nous apprendre le développement embryologique, et, parmi les nombreuses évolutions de la vie fœtale, parmi ces moments singuliers, qui sont tous d'instructives préparations à la vie libre, quoiqu'ils n'en puissent pas tous déterminer l'éclosion, prenons une de ces transformations solennelles et décisives, décrivons une de ces péripéties de la nature, auprès desquelles pâlissent les coups de théâtre prédits par quelques socialistes, et qui ont tant scandalisé les rétrogrades et même certains progressistes ou soi-disant tels.

Chez le fœtus humain, comme chez le têtard, voyez, à côté des branchies qui s'atrophient, voyez se développer peu à peu deux tubercules destinés à en remplir les fonctions.

Et rassurez-vous ! Ce nouvel organe ne se conduira pas à la manière d'un président de république, qui se propose uniquement de se mettre à la place du roi, de toucher sa liste civile, de l'augmenter même, et qui n'est en réalité qu'un roi sous une étiquette nouvelle. Ces tubercules, ce sont les rudiments des poumons, et, si les poumons prennent un nom nouveau, c'est qu'ils sont réservés pour des fonctions toutes nouvelles.

Chez le têtard, le développement des poumons commence dans l'œuf même, avant que la dernière membrane enveloppante soit atrophiée.

Chez le fœtus humain, les poumons existent déjà vers la fin du second mois.

Ah ! la nature s'y prend longtemps à l'avance !

Tout d'abord on n'aperçoit pas pourquoi ces organes naissent, s'étendent et prennent des développements extraordinaires, inquiétants même pour la vie fœtale, qui ne sait pas bien à quoi servira cet appareil formidable et tout nouveau, mais qui n'en augure rien de bon pour elle, et avec raison, car c'est par cet appareil que la vie fœtale pourra avoir un terme.

En effet, dès que les branchies s'atrophient, dès que la respiration pulmonaire entre en jeu, les nageoires du têtard disparaissent, les membres de la grenouille, enveloppés jusque-là, deviennent libres. C'est un changement à vue. Il n'y a plus de poisson, il n'y a plus de têtard : il y a un reptile qui respire en plein air !

Chez l'enfant, le phénomène est plus étrange encore, plus surprenant, plus magnifique.

Ici, pendant sept mois, le poumon est, en apparence, un organisme complétement inutile. Il y a bien aussi le cœur qui se borne à livrer au sang une issue toute provisoire, le trou de Botal. Mais, quoique privé de l'activité de ses organes essentiels, le cœur marque déjà le mouvement du sang ; il en règle déjà la circulation.

Le poumon seul est donc jusque-là un organe tout à fait inerte, un viscère aplati. A quoi sert-il donc ?

IL SERT A ÊTRE PRÊT !

Et il est prêt, dès la fin du septième mois !

Vienne maintenant l'heure de la délivrance ; et alors, ô spectacle à ravir la pensée ! à peine l'esclave a-t-il rompu ses liens, à peine sa tête a-t-elle paru hors de sa prison amniotique, qu'au contact de l'air extérieur, la bouche s'ouvre, l'air y pénètre, le poumon aspire, se dilate, et dilate le cœur qui ouvre ses oreillettes et ses ventricules, et livre le sang veineux au poumon qui l'hématose.

Il n'y a plus de fœtus, il n'y a plus de vie obscure, il n'y a plus de prison, plus d'esclavage, plus de dépendance fatale d'un être à un autre être : il y a le grand air et la lumière, il y a la vie libre, il y a sous le ciel un homme de plus pour jouir de tous ces bienfaits, pour en rechercher, pour en adorer l'auteur.

Au lieu de l'enfant, au lieu du têtard, prenez la larve, prenez cent autres animaux : c'est toujours le même phénomène. Quand le papillon déploie ses ailes, c'est que la chenille a remplacé ses branchies par des trachées, qui sont les poumons des insectes, et qu'elle prépare longtemps à l'avance. Préparons-nous donc ! Sans préparation point de vie ! La vie n'est qu'une éternelle préparation, où chaque phase prépare la phase suivante et s'y prépare.

La femme qui va devenir mère sécrète d'avance le lait qui devra nourrir son fils, et le sein qui néglige ce travail préparatoire n'est pas un sein maternel.

VI.

Ainsi, pour être prêts, pour n'être par surpris, nous aussi, par la prochaine Révolution, nous devrions savoir, — et combien peu en sont là ! — comment et par quelles institutions s'opèrent les transitions d'une phase sociale à une autre phase. Et même, à la rigueur, il faudrait avoir disposé à l'avance les appareils, les organes propres à la phase dans laquelle nous voulons et nous allons entrer.

Pendant que les branchies fonctionnent, il faudrait avoir préparé, développé les poumons sociaux.

Si, avant 1848, les chefs de la Démocratie se fussent mis en quête des moyens propres à assurer tant bien que mal le travail productif, l'enfant eût vécu..... Certainement !

Or là est la difficulté.

Non-seulement nous ne sommes pas tous d'accord sur la forme et les conditions organiques des poumons sociaux; mais, si nous faisions mine de les construire, les fœtus gouvernementaux, qui se plaisent aux eaux fangeuses du vieux monde, y mettraient bon ordre, et c'est bien un peu dans cette pensée-là qu'ils nous ont expulsés. — C'est une perte de sang. — Le nôtre était trop riche pour ces têtards.

Et à vrai dire, les proscrits, les crucifiés de tous les temps, n'ont presque jamais été crucifiés et proscrits, que pour avoir voulu développer, au sein de l'embryon social, un nouveau germe, un nouveau viscère, en vue d'une meilleure constitution de la société.

Donc, ce ne sont pas les oppresseurs du peuple qui construiront les poumons démocratiques. Du reste, ce n'est pas leur œuvre ; car, disent les physiologistes : *les Poumons ne procèdent pas du même système qui a donné naissance aux branchies.*

C'est à nous de construire le nouvel organisme, et non à eux. S'ils s'y mettaient, ils s'y prendraient tout de travers, et compromettraient le succès. Voyez-les déjà, poussés par la force des choses, voyez-les dénaturer toutes les idées socialistes en essayant de transformer en auxiliaires du Despotisme, ces instruments d'émancipation !

Or, si, ne voulant pas, et ne pouvant pas, ils nous empêchent......, qu'arrivera-t-il ? Comment sortir de ce cercle?

C'est le problème !

Mais, d'abord, il faut qu'on le sache bien, les oppresseurs ont beau faire, ils ont beau humilier, proscrire, torturer, crucifier les porteurs d'idées nouvelles... L'Humanité ne s'arrête pas ; l'idée marche sans cesse à sa réalisation. A travers les révolutions, par les révolutions, malgré les révolutions, peu importe... elle se réalise ! Elle se réalise par les machines mêmes que l'on dresse pour la tuer. La persécution la sert, le martyre la propage, la croix la divinise.

Et c'est pourquoi, à l'exemple de Saint Paul, « nous prenons plaisir dans les injures, dans les nécessités, dans les persécutions et dans les angoisses, car quand nous sommes faibles, c'est alors que nous sommes forts. »

Proscrits! lisez et relisez les actes des apôtres, ce Plutarque des réformateurs religieux et sociaux !...

Et puis, à côté de ses serviteurs dévoués et clairvoyants, le Progrès compte tant de serviteurs aveugles! Tous instruments lui sont bons, — depuis M. Guizot qui a fait la loi sur l'instruction primaire, et qui s'en repent bien, — jusqu'à Napoléon qui ne se doutait guère qu'en visitant les peuples à coups de canon, il ne réussirait qu'à étendre à toute l'Europe le champ de la Révolution , qu'il croyait avoir étouffée en France.

Et quel est, en ce moment même, son instrument le plus actif? C'est évidemment Sa Majesté autocratique Nicolas, qui va faire tant et si bien, que, de toutes ces compétitions où chaque dynaste n'a en vue que son intérêt personnel, le moins qui puisse sortir, c'est la reconnaissance formelle de l'égalité des droits dans l'Europe orientale.

Le poumon social se crée ainsi, fatalement, mais lentement, imperceptiblement. Cette lenteur est-elle nécessaire ? Non! car, si les éléments progressifs, si les forces vives de l'Humanité éprouvent, de la part des éléments rétrogrades, des entraves, des étranglements, des déchirements, des collisions sanglantes, dont la vie fœtale nous offre de constantes images, la vie sociale a, de plus que celle-ci, toute la liberté qui élève l'être au-dessus de ses molécules composantes.

En montant de sphère en sphère, les êtres se dégagent de la fatalité, comme ils se dégagent du monde extérieur. La plante est plus libre que la pierre, l'animal que la plante, l'homme que l'animal, la société que l'homme; et ce qui est fatal dans le fœtus humain, cesse de l'être, au même degré, dans le fœtus social, qui peut prévoir les phases de son développement, les préparer, les retarder, les accélérer, les suspendre, et jusqu'à un certain point les intervertir.

Aujourd'hui, comme à toutes les époques de transition, il y a une double œuvre à faire : — une œuvre de destruction, — une œuvre de construction.

Sans doute, cette dernière serait de beaucoup la plus importante; car, si la destruction peut favoriser la construction, parce qu'elle oblige à faire quelque chose, elle n'y conduit cependant pas d'une manière nécessaire; tandis que, les poumons sociaux créés, si la délivrance arrive, le cœur se dilate nécessairement, le trou de Botal, c'est-à-dire les habitudes fœtales, s'oblitèrent, le sang prend une autre direction, la direction normale, et la société se renouvelle en rejetant son arrière-faix.

Faut-il, parce que les poumons ne sont pas prêts, retarder, jusqu'à ce qu'ils le soient, l'heure de la délivrance ?

C'est l'avis des hommes qui ne sont pas pressés : ce n'est pas le nôtre.

Ils nous disent : accordez-vous d'abord.

Nous soutenons qu'il n'est pas nécessaire que tous les Démocrates s'accordent sur tous les points. Même, il est bon, selon nous, qu'ils diffèrent sur les formes à donner aux nouvelles institutions sociales. C'est de cette diversité que naîtra plus tard l'unité. Il suffit qu'ils se concertent sur les mesures générales à prendre pour donner à la construction des poumons sociaux, tout le temps, toutes les garanties, toute la protection désirables.

Oui, une mesure transitoire, exceptionnelle, un expédient qui nous donne du temps, — voilà tout ce qu'il nous faut; mais il nous le faut absolument, indispensablement.

Cette mesure discutée, arrêtée, convenue, — que la Révolution éclate, et tout ira bien. Elle éclatera, si l'on sait que cette convention existe.

Là est le point, et là est le mérite de votre initiative dans la *Question du lendemain.*

Vous proposez des moyens, une transition. Que ceux qui en savent de meilleure la proposent. Mais il nous en faut une.

Et qu'on n'adresse pas à la vôtre le reproche de contradiction qui nous a choqués nous-mêmes au premier abord.

Ce caractère contradictoire est parfaitement fondé en raison, et c'est à ce caractère, précisément, que la conscience intelligente et réfléchie reconnaît comme bonne une mesure que l'instinct acceptait comme juste.

Sans doute, il y a quelque chose de choquant dans une mesure qui, au nom de la liberté qu'elle invoque, et de l'avenir qu'elle se propose d'instaurer, procède par voie de décret, intervient dans les opérations de la ferme et de l'atelier, et exige, d'autorité, le fonctionnement d'organismes, qui, dans les idées du vieux monde lui-même, sont réservés à la spontanéité individuelle.

Mais ce n'est pas un idéal social que vous nous proposez : vous nous proposez, non pas une chose belle, mais une chose utile, une transition nécessaire et non un modèle. Or, les transitions ne sont belles ni dans l'ordre social, ni dans l'ordre naturalogique. Elles sont choquantes parce qu'elles ont des faces contradictoires, et elles ont des faces contradictoires parce qu'elles sont des transitions.

La chauve-souris est un animal très-laid, contradictoire dans ses organes. Elle a des ailes et elle a des mamelles. C'est un être de transition. On pourrait aujourd'hui la détruire sans trop d'inconvénients. Est-ce à dire qu'elle ait été inutile ? Mais, sans elle, toute la série des développements de la Création serait interrompue; avec elle et par elle, Dieu a uni les oiseaux aux mammifères.

Il en est de même de la mesure que vous proposez. Il en sera de même de toute mesure analogue. Sans elle, la République ne peut faire ses poumons; elle n'en a pas le temps, et le développement est interrompu, et l'Humanité retourne fatalement aux branchies. — Grâce à elle, nous pourrons, sans trop d'encombres, passer de branchies en poumons, de monarchisme en république.

Ce service une fois rendu, dès que le travail a repris son train normal, dès que les nouveaux organes sociaux sont entrés en jeu, la mesure tombe en désuétude. Mais, jusque-là, elle doit subsister, et comme la chauve-souris tue les insectes, elle tuera au besoin les mauvais vouloirs.

De tout cela, nous le savons, nombre d'esprits pourront s'effrayer. Les têtards, les rétrogrades, les rachitiques, tous ceux qui grouillent dans la vie inférieure, tous ceux qu'émeut une pensée quelque peu vigoureuse, vont crier contre de tels moyens. Ils vont les peindre aux esprits faibles et timorés comme ils ont peint la pauvre chauve-souris. Ce ne sera plus cet animal vigilant, actif au sein des ténèbres, inoffensif à l'homme et seulement terrible aux insectes. Ce sera un vampire altéré de sang humain, qui va déterrer les cadavres et dont on fait peur aux petits et même aux grands enfants.

Sachons échapper à ces craintes puériles, à ces jugements irréfléchis, à ces ridicules préventions. Nous ne sommes plus d'âge à croire aux fantômes.

La mesure proposée est-elle bonne en elle-même ? Oui ! — Laisse-t-elle le champ libre à toute idée? donne-t-elle à tous les citoyens, hommes de pratique ou hommes de système, le temps d'organiser à qui mieux mieux les nouveaux rapports économiques et sociaux? Oui ! — Elle est donc aussi bonne que juste; et comme elle est nécessaire, indispensable, nous l'adoptons.

VII.

Mais, ici, de nouveaux problèmes surgissent, et maintenant nous allons vous interroger.

Dans le développement fœtal, il est des organes qui, comme le thymus, par exemple, ou comme les diverses membranes enveloppantes, s'atrophient ou disparaissent purement et simplement ; il en est d'autres, au contraire, qui ne disparaissent que lorsqu'ils sont remplacés.

Parmi les choses du passé, s'il en est qu'il suffira de détruire, n'en est-il pas qu'il faudra remplacer *hic et nunc?*

Nous concevons que la Révolution supprime les prestations, les capitations, toutes les contributions indirectes, timbres, etc., parce que l'*impôt unique*, ou mieux *unitaire*, est là tout prêt.

Nous concevons qu'elle suppprime les octrois, les douanes, toutes les membranes enveloppantes, parce que, dans l'Europe démocratiquement fédérée, le *Libre-Echange* fonctionne tout naturellement.

Nous concevons encore que les administrations communales, cantonnales, départementales, simplifiées par la suppression des entraves concentratives, continuant toutefois d'être rattachées au centre par des rapports organiques, cessent d'entretenir avec lui des rapports politiques, et reconquièrent, par l'élection à tous les degrés et dans tous les modes, leur indépendance et leur spontanéité. C'est ce qu'on appelle la *décentralisation.*

Nous concevons que la Révolution se comporte de même envers l'armée permanente et le personnel des cultes.

L'armée permanente abolie, la religion rendue à sa liberté, — la force spéciale qui résidait dans ces deux organismes, se résorbe et fait retour à chaque citoyen qui est armé, et qui reprend toute son initiative religieuse. — Tous peuvent être prêtres, et tous sont soldats.

Ainsi le thymus, après avoir fourni une existence glandulaire spéciale, se dissout et répartit entre toutes les molécules du corps la force qu'il retenait comme institution provisoire.

Nous le concevons, et nous condamnons sans rémission et sans appel toute force extérieure à la société. Mais nous croyons qu'en supprimant les *corps d'armée*, il ne faut pas supprimer la *force armée ;* au contraire.—Aussi aimerions-nous à recevoir là-dessus quelques lumières directes ; car, s'il est vrai que les armées permanentes n'auront pas plus d'objet aux *Etats-Unis d'Europe* qu'elles n'en ont aux *Etats-Unis d'Amérique,* nous devons prévoir les attaques des Barbaries qui se maintiendront quelque temps encore à l'Orient.

Nous aimerions aussi à entrer un peu plus avant dans la question religieuse. Car, si nous admettons la liberté en religion, comme en tout, nous ne croyons pas, tant s'en faut ! que l'esprit religieux puisse ni doive disparaître de ce monde.

Comment agira, dégagée de ses liens, cette aspiration sublime que Dieu a donnée aux hommes pour les unir entre eux, et pour rattacher non-seulement la terre au ciel, mais aussi le ciel à la terre qui est bel et bien placée dans les cieux, qui en fait partie, qu'on n'en peut exclure, et qui doit être, non une vallée de larmes, mais un séjour céleste, une des étapes de la vie éternelle et des éternelles transformations ?

Nous vous le disons en vérité, vouloir construire une société sans tenir compte de l'esprit religieux, ce serait se préparer d'amères déceptions. Une religion, c'est un de ces organes essentiels qu'on peut détruire, mais qu'il faut remplacer, et qui n'est réellement détruit que par l'organe qui le remplace.

Qu'il n'y ait plus de corps religieux, séparés de la société, extérieurs à elle, nous le voulons ; mais, comme il faut à la société une force armée, il lui faut une force religieuse. Que disons-nous ? Cette force existe ; elle a été déposée de toute éternité au cœur de l'homme, et c'est même cela qui fait son titre d'homme. Si cette force n'est pas avec vous, elle sera contre vous.

Et cette force, savez-vous ce que c'est ? C'est à-la-fois la cohésion et l'affinité sociales ; c'est l'origine et c'est aussi la fin de toutes choses ; c'est elle, c'est cette aspiration religieuse qui soulève et met à nu tous les grands problèmes dont on doit avoir la solution, sous peine d'échouer toujours sur les problèmes secondaires. Car on ne sait rien, tant qu'on n'a pas la clé de toute science.

Avez-vous des idées là-dessus ? Connaissez-vous la loi, la marche, la destinée des Humanités ?
Savez-vous si l'Humanité terrestre avance ou recule ?
Où est la lumière ? où est l'ombre ?
A quelle mesure mesurerons-nous le progrès ?
A quels signes reconnaîtrons-nous la justice et la vérité ?

A toutes ces questions nul ne peut répondre, s'il n'a au cœur un profond sentiment religieux, et dans la tête une haute idée de l'universel et du complet.

Mais ce qui nous préoccupe entre toutes les difficultés du lendemain, ce n'est pas encore tant la force armée qui s'organisera, nous le voyons, en s'incorporant dans chaque citoyen ; ce n'est pas tant le sentiment religieux, qui doit sortir de la liberté plus lumineux qu'il n'a pu le faire au sein de la compression. Ce qui nous préoccupe, c'est l'administration de la Justice ; c'est de savoir comment s'organisera ce que vous appelez *la justice arbitrale et élective*.

Nous voyons bien qu'il faut détruire la *magistrature·*

branchie. Mais comment constituez-vous la *magistrature-poumon* ?

Nous voyons bien que nous serons tous juges, comme nous serons tous prêtres et soldats. Mais, à côté de la question des principes, il y a celle des moyens. Comment cette justice-là fonctionne-t-elle ? Vous dites les *jugements en équité*. En même temps que vous supprimez les tribunaux, supprimez-vous les textes, la loi écrite ? Rejetez-vous tous les codes, comme l'enfant rejette ses vieux langes et l'embryon ses enveloppes ? Enfin, réduisez-vous à l'état de purs renseignements historiques les corps de lois, comme vous réduisez à l'état latent les corps d'armée ?

Nous le voulons bien. Mais, songez-y! comme il vous faut une force armée, il vous faut une force juridique. Celle-ci même est plus indispensable que celle-là. La société peut, à la rigueur, vivre quelques jours sans administration, sans armes, sans culte; elle ne peut se passer de justice ; car dans la justice se résoud tout le système des relations des citoyens entre eux, c'est-à-dire la société proprement dite.

Cette force juridique, où la placez-vous ? Comment se portent les jugements ? Comment s'exécutent-ils ? Nous voudrions savoir cela, et le voir, et le toucher ; car cela ne peut attendre ; c'est la vie, c'est la nécessité de chaque heure ; c'est le second terme de la *question du lendemain*, qui demande à être étudié avant le jour. Et sur cela, comme sur la mesure qui devra assurer transitoirement la continuité du travail, il faut que nous soyons prêts!

Si vous l'êtes, dites-le; expliquez-vous.

Détruisez de la vieille société tout ce qui a fait son temps, tout ce qui s'oppose résolument au Progrès! Mais expliquez-nous clairement où sera dans la société nouveau-née :
— La force armée,
— La force religieuse,
— La force juridique.

Dites-le nous. Il y a urgence. Les douleurs de l'enfantement envahissent toute l'Europe. Le canon gronde, les peuples frémissent. Nous vous écoutons !

15 *Mars* 1854,

LA QUESTION

DU LENDEMAIN.

(Confirmations.)

Le fonctionnement des instruments de travail étant assuré, — l'impôt indirect aboli, — le budget de la guerre et le budget administratif diminués des trois-quarts, — celui des cultes et celui de la justice supprimés, — l'armée réduite à l'état latent, — la religion rendue à son indé·pendance, — la loi écrite et la magistrature-fixe disparaissant devant le jury et les tribunaux d'arbitres, — la force armée, la force juridique et la force religieuse faisant retour à chaque citoyen, — la Commune et le Canton reprenant leur autonomie; — quand notre argent ne servira plus à solder des généraux pour se vendre et pour nous vendre, des juges pour se prostituer, des prêtres pour bénir le parjure; — tous les pouvoirs renversés, sauf le pouvoir de la Conscience, et tous les codes abolis, sauf le Code écrit en nos âmes; — comment pourront s'exercer, et s'exercer en pleine liberté, d'une part les droits *civiques* ou publics, et d'autre part les droits *civils* ou privés?

Telles sont les questions qu'il reste à résoudre pour que la *Question du Lendemain* ne laisse plus aucune obscurité dans les esprits.

1er DES DROITS CIVIQUES. — SUFFRAGE ET LÉGISLATION.

On a vu comment, — la justice arbitrale établie, et le peuple réglant lui-même ses affaires, — les mandataires du peuple n'auront plus guères qu'à surveiller la Commission exécutive sortie de leur sein pour diriger l'administration publique.

Ils n'auront pas même à rédiger une Constitution; car une Constitution, c'est la première et la plus irrationnelle des lois écrites; et nous les avons condamnées toutes.

Immobile quand le corps social, dont elle se dit la formule, se transforme incessamment, une Constitution ne peut être que le procès-verbal du tempérament *actuel* d'une Société. Cela se constate; cela n'aurait jamais dû s'imposer: car de cette Constitution tous les citoyens ont conscience: si la Constitution écrite est fidèlement calquée sur la réelle, c'est-à-dire si elle est vraie, chacun s'y conforme naturellement: si elle est fausse, ou si elle cesse d'être vraie, chacun la transgresse sans hésitation et la viole sans remords.

On a vu comment, de cette situation, sortira naturellement la *Législation directe*.

La *Législation directe* pourra-t-elle s'établir dès le lendemain de la Révolution? Nous le voudrions; mais tous les Républicains n'en sont pas là.

En résultera-t-il une lutte, une dissidence entre nous? Nullement !

Il est un point, il est un droit sur lequel nous sommes tous d'accord, et qui unira nécessairement tous les Démocrates : c'est le droit antérieur et supérieur à toutes les formes politiques, c'est le *Suffrage universel permanent et libre !*

Sans doute nous voudrions que le Suffrage, s'appliquant aux *choses*, produisît immédiatement la Législation directe. — Mais qui veut le plus veut le moins. — Si le Suffrage ne peut s'appliquer tout d'abord qu'aux *personnes*, c'est-à-dire à l'élection de mandataires, de représentants, nous l'accepterons tel, — sauf à porter devant ces mandataires eux-mêmes, comme nous le ferons d'abord devant le peuple, la question de la Législation directe.

Ainsi, quant à l'exercice des droits civiques, pas de conflit à redouter. Réservons donc pour une note finale ce qu'il nous reste à dire sur ce sujet, et occupons-nous tout de suite des droits civils ou privés.

§ 2. DES DROITS CIVILS. — RÉSORPTION DES CODES.

Des Démocrates qui se croient très-radicaux nous disent : — Ne détruisez pas toute loi écrite, ou vous allez mettre à-la-fois trop de choses sur les bras de la Démocratie.

En proclamant, avec nous, qu'il faut abolir la magistrature-fixe, ces hommes, évidemment, n'ont pas pris leur résolution au sérieux, ou n'en ont pas sondé la nécessaire conséquence.

Il faut, surtout en révolution, faire ce qu'on fait et vouloir ce qu'on veut. Si vous conservez les codes, comment pourrez-vous supprimer la magistrature?

La suppression de la magistrature-fixe et la suppression des codes sont les termes jumeaux d'une même question. Vouloir l'une, c'est vouloir l'autre. Si vous laissez subsister le moindre petit bout d'article de code, il vous faut des magistrats pour l'appliquer, une cour suprême pour en assurer l'exécution. Et alors... Retournez à la monarchie!.....

— Mais vous allez jeter la Société dans l'inconnu.

Est-ce que l'on jette dans l'inconnu l'enfant à qui l'on retire ses lisières ?

Ils insistent : — Ces lisières, nous voulons les détruire, ainsi que vous ; mais, pour cela, il est inutile de renoncer à toute loi écrite. Nous referons les Codes : les refaire, c'est les détruire.

Non ! en les refaisant, on peut bien enlever quelques entraves ; on peut allonger les lisières, en diminuer la pression : on ne les supprime pas.

Il faut les supprimer absolument, si c'est possible, c'est-à-dire si la Conscience humaine est prête à en tenir la place. D'accord avec nous sur le but, vous doutez que les populations soient prêtes ? — Voyons, examinons, vérifions.

En fait de principes essentiels, que disent, qu'ordonnent les Codes, que la Conscience générale ne dise et n'ordonne, dès aujourd'hui, avec plus de largeur et d'autorité qu'eux ?

Prenons ce fameux Code Napoléon ; examinons cet arsenal de despotisme, considéré comme la sauve-garde du droit social par des gens assez naïfs pour ne pas voir que, sous prétexte de rédiger les articles de notre loi publique, on nous a imposé des règles, — inutiles, si elles sont acceptées, — gênantes, blessantes, déformatrices, si on les repousse ou si seulement on les critique. — Cercle vicieux qui fait que la loi ne sert que quand elle est violée ! Parce qu'en effet, elle n'a d'action réelle que quand elle frappe ; obéie, elle est comme si elle n'existait pas.

« TITRE PRÉLIMINAIRE DU CODE NAPOLÉON. — *Art.* Ier. Les lois sont exécutoires dans tous le territoire français, en vertu de la promulgation qui en est faite par l'Empereur. »

Nous disons, nous : La Conscience est exécutoire dans tout l'univers, en vertu du don que DIEU en a fait à tous les êtres sociables.—Et si nous nous permettons de mettre ici Dieu à la place de l'Empereur, c'est que l'Empereur avait commencé par se mettre à la place de Dieu.

« *Art.* 2. La loi ne dispose que pour l'avenir ; elle n'a point d'effet rétroactif. »

Nous disons, nous : La Conscience ne connaît point de date, parce qu'elle n'est point matière à promulgation. Toujours présente et toujours progressive, elle s'applique en raison de ses lumières *actuelles*, respectant ou condamnant les actes et les contrats, selon qu'ils lui sont *actuellement* conformes ou contraires.

Or, quiconque y voudra réfléchir reconnaîtra que ce principe contient virtuellement celui du progrès pacifique et régulier, qui se substitue ainsi au progrès violent et révolutionnaire, seul possible sous l'empire des législations écrites.

« *Art.* 3. Les lois de police et de sûreté obligent tous ceux qui habitent le territoire. »

Nous disons : La Conscience et le respect d'autrui obligent tous les hommes.

« Les immeubles, même ceux possédés par des étrangers, sont réglés par la loi française. »

Nous disons : Par les Tribunaux d'arbitres, pour qui il n'existe point d'étrangers.

« Les lois concernant l'état et la capacité des personnes régissent les Français, même résidant en pays étranger. »

Nous disons : La Conscience s'applique partout où elle a son action libre.

« *Art.* 4. Le Juge qui refusera de juger sous prétexte du silence, de l'obscurité ou de l'insuffisance de la loi pourra être poursuivi comme coupable de déni de Justice. »

Voyez! quand la loi se tait ou fait défaut, à qui le Code est-il forcé de renvoyer le pauvre Juge? Il le renvoie à sa Conscience, qui doit, bon gré malgré, lui dicter son jugement.

Nous disons, nous : Les arbitres sont libres de se récuser ; on ne peut forcer les gens à dire leur avis, quand ils n'ont pas d'avis. Ainsi le veut la Conscience. Mais ce que fait la Conscience libre, la loi ne le peut faire. Du moment qu'elle désigne et investit le Juge, il faut bien qu'elle le condamne au jugement forcé. Si le Juge était plus libre que n'est le plaideur, où celui-ci trouverait-il donc un Juge?... Quand, au contraire, c'est le citoyen qui nomme lui-même son juge, toute nécessité coërcitive disparaît.

« *Art.* 5. Il est défendu aux Juges de prononcer par voie de disposition générale et réglementaire, » c'est-à-dire par voie *législative*.

L'inexorable logique de l'esprit de compression!... A peine l'Empereur a-t-il usurpé le rôle de Dieu, qu'il se retourne vers les Juges et leur défend de faire comme lui. C'est la conséquence brutale de toute brutale usurpation. Avec les Tribunaux d'arbitres, cette usurpation n'est pas à craindre. Quand tout le monde fait les lois et les applique, personne ne fait la loi, et il n'y a pas de distinction à établir entre le Juge et le Législateur, entre le pouvoir judiciaire et le pouvoir législatif.

« *Art.* 6. On ne peut déroger, par des conventions particulières, aux lois qui intéressent l'ordre public et les bonnes mœurs. »

Cet article, si vaguement rédigé, si sujet à interprétations, et dont l'application dépend du degré de lumière et de sentiment social répandus dans les consciences, contient en germe toute la Loi, parce qu'il est le résumé de l'état de la conscience à chaque moment donné ; aussi en deviendra-t-il la seule règle.

Mais si la Conscience en est imbue, à quoi bon lui en faire un commandement impératif? et si elle ne l'est pas, ce commandement est bien plus inutile encore.

Le *Titre préliminaire* peut donc être supprimé, et doit l'être.

LIVRE Ier. — DES PERSONNES.

TITRE I. DE LA JOUISSANCE ET DE LA PRIVATION DES DROITS CIVILS. — *Chapitre Ier*. — Ce chapitre distingue entre ceux qui ont ou n'ont pas la qualité de Français.

La Conscience ne fait pas de ces distinctions : elle ne voit dans l'Humanité que des hommes, et il est grand temps d'appliquer, partout où on le pourra, ce principe de Conscience qui est dans toutes les âmes des peuples civilisés.

Donc, supprimé le *Chapitre Ier*; et, à plus forte raison, supprimé le *Chapitre II*, qui traite de la privation des Droits civils, soit par la perte de la qualité de Français, soit par suite de condamnations judiciaires. Si l'on peut perdre la qualité de Français, exigée par le Code, on ne peut perdre, si ce n'est par la mort réelle, la qualité d'homme, qui suffit à la Conscience.

Ainsi se trouve détruite, et d'une manière absolue, cette stupide fiction de la *mort civile*, monstrueuse invention du Despotisme en délire, qui, non content de la mort réelle et des diminutifs de mort civile dont le Code pénal est parsemé, renversant à son profit les lois naturelles, introduit dans la vie son principe à lui, qui est la mort, et par le plus direct attentat contre le droit humain, nous fournit la plus directe accusation contre le droit écrit.

TITRE II. DES ACTES DE L'ÉTAT-CIVIL. — De ce titre il faut conserver tout ce qui concerne les naissances et les décès, parce que ces prescriptions, — qui sont des réglements bien plutôt que des lois, et qui, d'ailleurs, n'obligent que des fonctionnaires élus, qui les acceptent librement, — constituent les archives de la Société, donnent des facultés et constatent des faits que ceux qui en sont l'objet sont hors d'état de constater par eux-mêmes.

Or, nous voulons enlever les entraves, — qu'on les appelle ou non des garanties ; nous ne voulons pas enlever les facultés.

C'est pourquoi nous conservons aussi, de ce titre, ce qui a rapport aux actes de mariage, non comme une obligation pour les époux, mais comme un moyen à l'usage de ceux qui désirent donner à leur union une date certaine et la publicité.

C'est encore une faculté, un enregistrement ; et, pour le dire tout de suite, nous conservons les bureaux d'Enregistrement, pour les mêmes motifs.

Titre iii. Du domicile, et Titre iv. Des absents. — Encore des facultés, encore des constatations. Conservons donc les principales dispositions de ces deux titres, dont les jurés (substitués aux tribunaux), et les officiers municipaux (substitués au ministère public), apprécieront et poursuivront l'exécution, sous l'inévitable contrôle de l'opinion.

Mais il faut supprimer tout ce qui, dans ces deux titres, concerne le mariage considéré par rapport à l'absence ; et l'on va voir pourquoi.

Titre v. Du mariage, et Titre vi. Du divorce. — Quoiqu'en puissent dire les routiniers et les bigots, nous supprimons ces deux titres ; nous les supprimons au nom de la moralité et au nom de Dieu, qui, seul, unit librement ou désunit les cœurs, tandis que la loi n'unit que les corps et les unit de force. Donc, supprimés aussi bien les obligations que les droits, aussi bien les formalités que les conditions du mariage, comme du divorce, comme de la séparation. Liberté de mariage ! liberté de divorce ! Le mariage est un contrat privé qui ne regarde que les contractants, et qui doit pouvoir se rompre ou se modifier comme il se contracte, — librement. Seulement, si le mariage a été inscrit à l'État-civil, il sera réputé subsister tant qu'il n'aura pas été radié, sur la déclaration des conjoints ou de l'un d'eux : nous disons *de l'un d'eux*, parce que, si les contrats ne peuvent, en ce qui concerne les choses, se rompre que par la volonté des deux contractants, en tant qu'ils obligent les personnes, ils peuvent, la Conscience le dit, se briser par la volonté d'un seul.

— Mais si une femme est répudiée !.... — Attendez !

— Mais les enfants, mais les mineurs.... — Attendez ! Nous n'aurons fini qu'à la fin.

Titre vii. De la paternité et de la filiation, et Titre viii. De l'adoption. — Deux titres à supprimer. On ne peut forcer un mari à reconnaître les enfants de sa femme, et la règle immorale *Is pater est* n'est qu'une fiction révoltante que la nature prend souvent soin de démentir en imprimant au front du fils le cachet du vrai père.

Laissez agir le cœur, et la conscience privée, et la conscience publique. Si ces forces-là ne suffisent pas, ce n'est pas la loi qui y suppléera. La loi ne fera que provoquer des violences, des sévices, des séquestrations, des crimes. Pour les enfants méconnus ou désavoués, la Société prendra des mesures ; elle en prend bien déjà pour les enfants trouvés..... mais elle ne peut contraindre le mari à accepter pour fils l'enfant qu'à tort ou à raison il attribue à un autre; elle ne peut faire parler la voix du sang, si la voix du sang est muette.

Le père pourra donc ne pas reconnaître son enfant, le déshériter même, sauf à encourir le blâme de l'opinion, si son désaveu 'est sans cause réelle, et le jugement de la Conscience, s'il est sans justice. Mais, en revanche, il pourra en adopter un autre, et pour cela nous n'opposons à son affection aucun obstacle, condition ni réserve. Aussi supprimons-nous le *Titre* VIII, comme le *Titre* VII, et par là nous mettons fin à toutes les infamies commises par la loi écrite contre les enfants naturels, adultérins, etc.

TITRE IX. DE LA PUISSANCE PATERNELLE. — Supprimé, supprimé ! La puissance paternelle naît de l'affection ; la soumission filiale existe ou n'existe pas ; mais la loi ne peut rien sur elle ; la loi ne peut qu'irriter le cœur qui n'est pas disposé à accepter ses prescriptions. Au lieu du lien que la nature seule peut former, la loi forge une chaîne que l'on est tenté de briser.... On n'impose pas les sentiments, on ne règle pas la nature des rapports affectueux.

Nous entendons d'ici les réclamations et les clameurs. Ceux qui nous ont crié déjà : « Vous désarmez la Société, » vont nous dire : « Vous détruisez tous les liens sociaux. » C'est vrai ! nous détruisons les liens coërcitifs, les liens forcés. — Ces hommes sont logiques, et nous aussi. — Ceux qui placent le lien social dans le gendarme (et la Société actuelle ne tient plus que par le gendarme, et c'est pourquoi ses défenseurs l'exaltent), ceux-là doivent trouver qu'en supprimant le gendarme et les coactions et la crainte, nous supprimons tout lien. Parce que la loi les oblige à aimer leurs héritiers, ils s'imaginent que c'est la loi qui leur donne le sentiment paternel, et que sans la loi ce sentiment va disparaître de leur cœur. Ils se figurent que les pères cesseront de s'intéresser à leurs enfants, dès qu'ils ne seront plus forcés d'accepter comme tels ceux mêmes qui portent evidemment la ressemblance d'un autre. Pour avoir un peu plus de confiance dans le cœur humain et moins de confiance dans la loi, il ne manque à ces hommes qu'un peu plus de connaissance de l'homme.

Quant à nous, qui n'admettons d'autre lien que l'amour, d'autre amour que celui dont Dieu a déposé le germe en nos cœurs, et qui trouvons la loi inutile, si elle ne fait que commander ce que la nature nous inspire, oppressive, méprisable et violable, si elle prétend imposer l'amour et le réglementer ; nous, dont le but est de favoriser la formation des seuls vrais liens, des liens affectueux, qui seront plus solides et plus forts quand ils seront plus libres, nous n'hésitons pas à briser les prétendus liens civils, qui ne sont que des entraves à l'amour paternel comme à l'amour filial, des obstacles aux plus pures affections.

Et en supprimant la puissance paternelle, comme la puissance maritale, non pas dans leur force virtuelle, — cela n'est au pouvoir de personne, — mais dans leur formule légale et conventionnelle, nous ne faisons que compléter la résorption qui va s'opérant sans cesse, depuis le droit de vie et de mort attribué au patriarche et au *pater-familias*, jusqu'aux garanties données de nos jours aux femmes et aux enfants, et qui ne sont que des transitions, des étapes, pour parvenir à la pleine liberté.

Et ceux qui s'insurgent aujourd'hui contre la suppression absolue de la puissance paternelle dans le droit écrit, sont les mêmes qui, lorsque fut enlevé au père le droit de mort sur ses enfants, se couvrirent de cendres, disant : « C'est la fin du monde! » — C'était, en effet, la fin de ce monde - là ; mais c'était aussi le commencement d'un monde nouveau, plus humain et plus juste.

Titre X. De la minorité, de la tutelle et de l'émancipation, et titre XI. De la majorité et de l'interdiction. — Deux titres dont il ne doit rester que la partie purement réglementaire, concernant l'organisation du Conseil de Famille. S'il est des intérêts mal sauvegardés aujourd'hui, ce sont les intérêts des mineurs. Que de spoliations et de ruines on éviterait, si, sans aucune acception de liens de parenté, toute tutelle pouvait être adjugée au plus digne, en vertu de la déclaration libre des amis et de la famille du mineur, provoquée par le maire de la Commune, protecteur-né de tous les faibles et spécialement des mineurs et des absents ; si, au lieu de fixer d'avance les divers âges des diverses majorités, les cas d'interdiction, etc.., le Conseil de Famille pouvait émanciper en droit l'enfant que la nature émanciperait en fait, et si on livrait à l'arbitrage électif le jugement des cas d'interdiction!

On nous dira : — Ce n'est que par exception que la loi désigne le tuteur, dont, en général, elle confie l'élection au Conseil de Famille.

Eh ! bien, supprimons ces deux titres pour supprimer de dangereuses exceptions.

LIVRE II. DES BIENS.

Quel inconvénient à ce qu'on supprime ce livre tout entier ?

Le *Titre* Ier établit, entre les meubles et les immeubles, des distinctions qu'il est grand temps de faire disparaître, et qui sont devenues de véritables pierres d'achoppement à tout progrès social, parce qu'elles consacrent et tendent à perpétuer l'immobilité des choses, quand le progrès veut, lui, tout mobiliser.

Les *Titres* II, III et IV fixent à l'avance les droits d'accession, d'usufruit, de servitudes, etc., droits bien mieux et bien plus sûrement réglés par les conventions des parties et par l'état des mœurs que par un texte de Code.

L'usufruit, les servitudes foncières, sont de droit conventionnel ; l'accession est ou n'est pas de droit naturel ; mais tous ces cas tombent sous la juridiction de la Conscience, qui jugera, décidera, réglera.

LIVRE III. DES DIFFÉRENTES MANIÈRES DONT ON ACQUIERT LA PROPRIÉTÉ.

Titre I. des successions, et titre II. des donations et des testaments. — Nous ne supprimons ni les testaments, ni les donations, ni l'héritage, parce que nous ne supprimons pas les facultés. Supprimer une faculté, quelque abusive qu'elle ait pu être dans le passé et qu'elle puisse l'être encore, c'est empiéter sur la liberté. Nous aimerions bien mieux ajouter à la liberté et créer des facultés nouvelles.

Mais ce que nous supprimons, ce sont les entraves aux facultés, ce sont les formalités qu'on a imposées à peine de nullité.... Comme si la volonté pouvait recevoir aucune condition d'une autorité extérieure quelconque !

Liberté absolue de donner et de tester.

Laissez les arbitres juger en conscience de la réalité d'une donation, de la validité d'un testament, comme qu'ils soient exprimés, et indépendamment de toute question de forme. Des formalités ! nous ne voulons pas même qu'on en impose au testateur olographe. Et, en les supprimant toutes, nous ne faisons, ici encore, que compléter la série des résorptions déjà opérées par les codes modernes, qui ont fait disparaître, au grand avantage des citoyens, les 9/10 des entraves imposées par le droit romain.

Titre III. Des contrats. — Titre IV. Des quasi-contrats. — A quoi servent les chapitres, sections et paragraphes de ces deux titres ? A fournir aux habiles le moyen de tromper l'homme droit. Supprimés ! la Conscience jugera.

— Mais, de tous les titres du code, ces deux titres sont les meilleurs, les plus conformes au droit naturel ; ce sont ceux qu'il y aurait le moins d'inconvénient à conserver.

C'est pour cela qu'il faut les supprimer. En fait de loi, ce qui est inutile est nuisible.

Cette dernière observation s'applique essentiellement aux cinq titres qui suivent et qu'il faut supprimer.

Titres V, VI, VII, VIII et IX. — Du contrat de mariage, de la vente, de l'échange, du louage, du contrat de société. — A part quelques entraves, résultant de la formulation même des garanties qu'ils consacrent, ces cinq titres ont pour but de favoriser, en la réglant, la liberté des contractants. Mais on ne règle pas la liberté : la régler, c'est la limiter.

En faveur de ces cinq titres, que peut-on dire ? que tout ce qu'ils contiennent se retrouve en définitive dans la nature des choses ? nous en convenons ; mais alors ils sont inutiles : ils sont donc dangereux.

Liberté d'association, liberté de louage, liberté d'échange, liberté de vente, liberté de contrat de mariage

Que chacun s'associe, loue, échange, vende et se marie, aux conditions et sous le régime qu'il lui plaira d'adopter, sauf à la Conscience à faire justice de tous les dols.

Mais il n'y a pas besoin de loi pour déterminer les dols, et encore moins pour régler la liberté. On peut concevoir, on peut créer des organismes sociaux dans lesquels la liberté fournisse une action plus ou moins énergique et régulière, et en ce sens, il est vrai de dire que la liberté aime l'organisation; mais elle n'aime pas la réglementation; et qui veut la réglementer l'entrave.

TITRES X ET XI. — DU PRÊT, DE L'INTÉRÊT, DU DÉPÔT. — Où est le démocrate qui songe à régler le taux et les conditions du prêt, et qui distingue entre l'intérêt légal et l'intérêt conventionnel? Supprimé! Liberté de prêter, liberté d'usure! La Conscience juge de l'abus, et ceux qui veulent fixer un *maximum* d'intérêt comprennent aussi peu la question d'avenir que ceux qui veulent supprimer tout intérêt par voie d'interdiction et de pénalité.

TITRE XII. — DES CONTRATS ALÉATOIRES. — Est-il besoin d'un code pour déterminer les conditions et les limites d'un contrat, de quelque nature qu'il soit? La convention des parties ne doit-elle pas être souveraine, sauf appel à la Conscience?

TITRES XIII, XIV ET XV. — DU MANDAT, DES CAUTIONNEMENTS, DES TRANSACTIONS. — Tout ce que disent ces trois titres est bien mieux écrit dans la Conscience. Donc, supprimés comme inutiles, et partant comme dangereux.

TITRE XVI. DE LA CONTRAINTE PAR CORPS. — Procédé tellement barbare, tellement repoussé par la Conscience publique, que nous sommes dispensés de dire pourquoi ce titre doit disparaître.

TITRE XVII. — DU NANTISSEMENT. — Supprimé, comme tout ce qui se rapporte aux contrats, et par les mêmes motifs.

TITRE XVIII. — DES PRIVILÉGES ET HYPOTHÈQUES. — Nous supprimons le *chapitre 1er, dispositions générales*, contenant des maximes tellement adéquates à la raison qu'il est superflu et presque ridicule de les énoncer.

Nous supprimons le *chapitre 2*, relatif aux *privilèges*, parce que nous ne voulons plus de privilège d'aucune espèce.

— Quoi! pas même pour les gens de service! pas même pour les frais de dernière maladie!

Non! les arbitres jugeront en équité et selon les cas.

Enfin, nous supprimons le *chapitre 3*, relatif aux *hypothèques*, le plus critiqué, le plus attaqué, le plus meurtri de tous les chapitres du code civil, et avec raison : car

c'est ce chapitre (dont les institutions de crédit foncier
sont la condamnation radicale) qui a fait la situation
hypothécaire actuelle ; car, en maintenant à l'état engagé
et immobile ce que le progrès s'obstine à mobiliser
et à dégager, il ne conserve que la torpeur de la propriété et la gêne du propriétaire, et il a forcé les partisans
du droit écrit eux-mêmes à constater « qu'il n'y a pas un
propriétaire qui soit certain de ne pas être évincé de
l'immeuble qu'il possède, pas un prêteur sur hypothèque
qui ait la certitude de ne pas perdre sa créance (1). »

En supprimant le chapitre des hypothèques et toutes ses
embûches, supprimons-nous l'hypothèque, et plus généralement, supprimons-nous le gage ? Nullement ! L'hypothèque, le gage, sont des facultés : nous les conservons. Les
registres hypothécaires en sont le moyen : nous les conservons.

Que supprimons-nous donc ? ce qui se trouve naturellement supprimé par la suppression des autres titres du
code civil. Il est clair que, toute loi écrite disparaissant,
l'hypothèque légale disparaît, partant l'hypothèque occulte ;
et il n'y a plus de réel et de valable que ce qu'il y a de
possible, c'est-à-dire l'hypothèque inscrite en vertu d'un
contrat.

Certes, en s'en rapportant, pour tout le reste, au jugement
de la Conscience, on ne peut aboutir à de pires résultats, à
de pires désastres que ceux dont la loi écrite, quelques
modifications qu'on y pût introduire, menacera toujours
les créanciers et les débiteurs hypothécaires.

Que ne pouvons-nous, ici, passer en revue toutes les lois
spéciales, celles par exemple qui concernent les inventeurs,
afin de montrer que, pour sauver de la ruine et de la
spoliation le propriétaire d'une idée, comme le propriétaire
d'un fonds, il faut, de toutes les prescriptions légales sur
les brevets d'invention, ne laisser subsister, comme pour
les hypothèques, que des registres, c'est-à-dire, la faculté
pour tout inventeur, importateur, ou se croyant tel, de
prendre date et acte de propriété, sans aucune limitation,
restriction, obligation ou condition quelconque, et cela
dans l'intérêt de la société et de l'industrie, aussi bien que
dans l'intérêt des inventeurs et des industriels, et sans
préjudice des votes que le peuple, en ses comices, portera,
soit pour acheter et socialiser les inventions qu'il jugera
dignes de cette distinction, soit pour déclarer l'état actuel
de l'opinion et des mœurs touchant la propriété indus-
trielle, artistique et littéraire, comme de la propriété
matérielle.

Titre XIX. — De l'expropriation et de l'ordre. — Titre
tout plein de trappes et de traquenards, ne protégeant

______

(1) Decourdemanche. *Du danger de prêter sur hypothèque,* ouvrage couronné.

réellement personne, et ne favorisant que l'esprit de spoliation. Tous les points qui y sont réglés, les arbitres les
régleront bien mieux, selon les cas, et les résoudront, non
dans l'intérêt d'une des parties, mais dans l'intérêt de
toutes.

TITRE XX ET DERNIER. — DE LA PRESCRIPTION. — Devant la
Conscience, point de limite prescriptive. La Conscience ne
comprend pas qu'un jour de plus ou de moins rende légitime ou illégitime la possession, la créance, l'obligation.
Supprimé !

En somme, que conservons-nous de ce code tant vanté ?
Qu'en reste-t-il après examen ? Des registres, ceux de l'état
civil, ceux de l'enregistrement, ceux des hypothèques ; des
moyens de certifier des actes, des dates, des existences :
en un mot, des organes de constatation, des archives :
rien de plus !

Voulons-nous maintenant aborder le code de procédure ?
Devons-nous montrer comme quoi toute formalité, toute
procédure disparaît devant la juridiction de la Conscience ?
Nous n'en avons ni le temps, ni l'espace ; et, d'ailleurs, ce
ne peut être ici un traité complet de résorption des codes,
mais un travail de simple examen, qui doit suffire à démontrer que nous sommes prêts pour leur suppression.
Or, pour peu qu'on veuille y réfléchir, on comprendra
que, — le code civil et le code de commerce abolis, — il ne
reste du code de procédure civile, du code d'instruction
criminelle et du code pénal que tout juste la matière à un
décret et à un règlement : — un décret en quelques lignes
constituant le jury pour les délits et pour les crimes ; —
un règlement en quelques articles pour indiquer aux citoyens bien plus que pour leur imposer les moyens de former le tribunal arbitral, d'actionner devant le jury, et
pour fixer la situation et les attributions des officiers mi-
nistériels dans le nouvel état de choses.

§ 5. — OBJECTIONS ET RÉPONSES.

On dira qu'en proposant la suppression des lois écrites,
nous reculons au lieu d'avancer ; qu'en effet, *le droit écrit*
(qu'ils ont la fatuité d'appeler *droit positif*, — comme s'il
y avait souvent rien de plus artificiel que les codes !) est
un progrès sur le droit coutumier, etc., etc ; qu'enfin, une
société ne peut se passer de lois positives, c'est-à-dire de
lois écrites et qui s'imposent.

Argument de légistes ! Il ne s'agit pas ici d'un débat
entre le *droit écrit* et le *droit coutumier*, aussi oppressifs
l'un que l'autre, parce que l'un et l'autre se composent de
prescriptions qu'appliquent, à tors et à travers, des magistrats par droit de naissance ou par droit d'investiture. Il

s'agit d'introniser le libre jugement de la Conscience, —
de la Conscience, cette loi innée, *nata lex*, comme
disent les juristes en l'opposant à la *lex scripta* ; — de la
Conscience, qui peut dès lors, comme c'est sa fonction,
modifier librement les coutumes ; — de la Conscience,
qui tend instinctivement à l'unité, et qui est, après tout,
ce qu'il y a de plus positif et de plus progressif au monde.

— Oui ; mais sur quel océan d'incertitudes judiciaires
allez-vous nous lancer ? Après avoir atteint, ou à peu près,
à l'unité de législation, nous allons donc retourner à la
variété, retomber dans la contradiction, et, par le fait,
reconstituer un nouveau droit coutumier ; car, dans chaque
canton, il va s'établir une tradition, une coutume spéciale,
pour le jugement des mêmes difficultés.

Votre objection contient deux objections, et ces deux
objections s'excluent. Si, par les tribunaux d'arbitres et les
jugements en équité, nous devons retomber dans la contradiction judiciaire, c'est donc que les arbitres n'accepte-
ront pas les jugements antérieurs comme une force tradi-
tionnelle en quelque sorte obligatoire pour eux. Et s'ils
acceptent cette tradition, il n'y aura donc pas contradiction judiciaire..... Eh ! pourquoi les arbitres d'aujourd'hui
se croiraient-ils obligés de juger comme ceux d'hier ? —
quand ils se sentiront libres !... C'est bien sur cette liberté
que nous comptons pour atteindre, par les progrès de la
Conscience, à l'équilibre juridique que favoriseront d'ailleurs, de plus en plus, les voies de communication rapide
et les libres rapports des peuples.

— Et, lorsque, sur une question controversée, intervien-
dra un jugement qui sera en désaccord avec l'opinion de la
majorité des citoyens et consacrera des principes qu'elle
repousse, ou comme rétrogrades, ou comme trop avancés,
que ferez-vous, que direz-vous ?

Nous ne ferons rien, car ce résultat est le signe et sera
la conséquence du libre balancement des forces sociales,
par lequel le présent doit s'équilibrer sur le passé et sur
l'avenir. Nous dirons que cette action transitoire des tribunaux d'équité prouve qu'ils sont les vrais organes de la
justice et du droit dans le corps social qui n'est lui-même
qu'un phénomène perpétuellement transitoire ; et nous
ajouterons que c'est sur ce même plan et d'après cette
même loi que s'opèrent les modifications dans le corps
humain.

Mais, est-ce que, déjà, ce procédé progressif ne fonctionne
pas sous nos yeux ? Est-ce qu'en Belgique, en Piémont,
partout où le code Napoléon a eu dans un temps son action
unitaire, est-ce que vous ne voyez pas s'opérer, en matière d'hypothèque, de divorce, etc., des modifications, des
améliorations que persiste à repousser la loi française ?

Eh ! bien, ces progrès dans le droit civil, qui ne sont des progrès qu'à la condition de s'écarter de l'unité primitive imposée, et de la corriger en pleine conscience et liberté ; ces améliorations que réalisent sans secousse les Etats détachés de l'unité oppressive de la France impériale, les tribunaux d'arbitres, organes constants de l'opinion et des mœurs, les réaliseront en tout et partout. Et ainsi ils seront les vrais instruments de l'Unité, non pas de l'unité compressive et immobile, comme on l'a connue dans le passé, mais de l'unité alliée au progrès, se réalisant dans le progrès, se maintenant par le progrès. Cette unité progressive emporte la nécessité de la contradiction juridique, sans doute ; mais le progrès n'est le progrès que parce qu'il contrecarre ou tout au moins modifie ce qui existe au moment où il se produit.

— Ah ! si nous étions habitués aux mœurs que suppose et que créera la justice arbitrale, nous pourrions marcher sans codes...... peut-être ; mais, d'ici à ce que nous y soyons façonnés, qu'allons-nous devenir ?

Objection de peureux ! Lorsque vous enlevez à l'enfant ses lisières, il trébuche, il tombe ; quelquefois même il se blesse, nous en convenons. Faut-il, pour éviter toute blessure, perpétuer le régime des lisières ? Quand l'enfant exercera-t-il ses muscles, si vous ne lui en donnez jamais l'occasion ? Si vous attendez, pour le rendre libre, qu'il se façonne à la liberté sous l'étreinte de ses liens, jamais l'heure de la liberté ne sonnera pour lui, et vous aboutirez à un arrêt de développement.

— Mais si nous supprimons les lisières pour les forts, conservons-les du moins pour les faibles, pour la femme, pour l'enfant....

Pourquoi pas aussi pour les pauvres ? afin que la société présente deux catégories : l'une composée d'émancipés, de tuteurs, de capables ; l'autre, de pupilles, d'incapables, d'interdits !.... Ah ! si nous devions encore conserver des chaînes, ce serait bien moins pour les faibles que contre les puissants.....

Non ! il faut abattre toutes les barrières et renverser toutes les entraves, parce qu'il faut abolir toutes les castes et détruire la misère qui en est la conséquence.

— Nous le voulons ; mais ne pourrait-on, entre l'ancien état de choses et le nouveau, ménager une transition ?

La transition ! nous venons de voir qu'elle se fera naturellement et d'elle-même par les tribunaux arbitraux.

— Mais, s'il n'y a plus de règle de droit, qui m'assure que demain on ne m'obligera pas à nommer un arbitre pour recommencer un procès que j'aurai gagné hier ?

Qui vous assure aujourd'hui contre cette éventualité ?

— L'autorité de la chose jugée, reconnue en principe par
la loi et appliquée par les tribunaux.

Et vous croyez que les tribunaux arbitraux n'agiront pas
de même? Vous croyez qu'à défaut de codes, ils ne trouveront pas dans leur conscience et, au besoin, dans la conscience générale, cet axiôme de raison qui s'oppose à ce
qu'on revienne sur la chose jugée?

— Qui me le garantit?

Quelque chose de plus fort que la loi. Quoi donc! parce
que nous supprimons les codes, supprimons-nous la raison? supprimons-nous l'opinion? supprimons-nous le sentiment de la solidarité? Est-ce que les tribunaux arbitraux, siégeant ou délibérant *coràm populo*, s'ils pouvaient
échapper à leur propre conscience, échapperaient au jugement de leurs concitoyens? Outre leur conscience à eux,
les arbitres ne représentent-ils pas la Conscience publique? n'en sont-ils pas imprégnés? Or, voyez-vous que la
Conscience publique soit favorable aux procès qui se per-
pétuent? Aime-t-elle les labyrinthes de la procédure?...
Comptez donc aussi sur cette force-là pour lever et résoudre les difficultés de détail qui ne manquent jamais de se
présenter en foule à quiconque propose un état de choses
différent de ce qui est.

— Et si les deux arbitres ne peuvent s'entendre ni sur
les termes du jugement, ni sur le choix d'un troisième
arbitre?...

Quand pareille chose se présente aujourd'hui, comment
fait-on? Les arbitres s'adressent au président du tribunal
de première instance qui nomme le troisième arbitre. Eh
bien, le maire du canton remplira cet office; il remplacera
dans ce cas le président du tribunal, comme nous l'avons
vu, au titre de l'absence, remplacer le ministère public.

— Mais, si tous les liens qui ne reposent aujourd'hui que
sur la loi disparaissent, si le lien conjugal, par exemple,
peut se dissoudre par la volonté d'un des époux?....

Eh bien, tous les maris vont-ils quitter leurs femmes,
ou toutes les femmes abandonner leurs maris, et toutes les
mères leurs enfants?

— Non; mais quelle garantie reste à la femme délaissée?

Autant qu'aujourd'hui, avec plus de liberté. Qu'une
femme veuille briser un lien odieux; après les scandales et
les frais d'un long procès (que nous évitons), la loi lui
accorde aujourd'hui, en France la séparation, — état im-
moral et contre nature, — en Belgique, en Angleterre, en
Prusse, etc., le divorce, et des secours dont le mari, irrité et
quelquefois ruiné, trouve presque toujours moyen d'éviter

le paiement. — En quoi la Conscience fera-t-elle moins pour cette femme que ne fait aujourd'hui la loi ?

— Mais si vous laissez la liberté absolue de tester, d'adopter ?....

Eh bien, tous les pères vont-ils déshériter leurs enfants ?

— Non ; mais quelques-uns pourront bien le faire, soit par déclaration directe, soit par suite d'adoptions multipliées.

Eh bien, est ce que la Conscience n'est pas là pour redresser les actes du défunt ? Ne peut-elle casser en tout ou en partie un testament qui répugnerait à la justice et au droit humain ? Ce que la loi ferait contre la fraude et la captation, l'arbitrage le fera, et il ira plus loin encore : n'étant tenu par aucun texte, il peut, même quand il n'y aurait pas captation, décider que le père a agi hors de sens, hors de raison, hors d'humanité.
Si, en effet, les enfants sont en état de se suffire à eux-mêmes, le père a pu donner à d'autres ; dans le cas contraire, il n'a pu, du jour au lendemain, exposer sa famille à la misère, après l'avoir élevée dans l'abondance ou même dans le luxe.

La Conscience jugera souverainement tous les cas, et rétablira l'équité partout où l'équité aura été blessée.

— Et si le père fait une substitution ?
Les arbitres jugeront.

— Et s'il fait un fidéi-commis ?...

Quelle est la raison d'être du fidéi-commis? C'est d'éluder une disposition législative. Le droit romain autorisait cet acte pourtant, et le réglait. Le code civil ne le reconnaît pas : en quoi il est parfaitement logique. Après avoir établi des incapacités factices, les unes dans l'intérêt du despote, les autres dans l'intérêt d'une morale sociale fort contestable, et dont les inspirations sont souvent puisées à une toute autre source que celle de la Justice, il ne veut pas que la Nature reprenant ses droits, traite comme capables et vivantes des personnes qu'il déclare mortes ou incapables. — De là le fidéi-commis. — La suppression de la loi écrite en fait disparaître l'objet. — Plaira-t-il cependant à un citoyen d'en faire usage? Le tribunal arbitral auquel un tel acte serait déféré pourra l'annuler ou le respecter, au même titre que le testament qui blesserait les droits de l'Humanité.
Ainsi, liberté de substituer, liberté de fidéi-commettre, etc.

De même pour les contrats et les obligations. On a la faculté absolue de contracter et de s'engager.

— Mais, s'il n'y a pas de limite à la liberté contractuelle, on pourra donc aller jusqu'à concéder à perpétuité une servitude, une redevance, non-seulement d'un fonds à un autre fonds, mais d'une personne à une autre personne, d'une famille à une autre famille?

Sans doute.

— Ainsi, par la liberté, vous arrivez à rétablir la féodalité et le servage ?

Oui... sauf appel devant le jugement de la Conscience.
Or les juges en équité casseront tout contrat qui sera évidemment contraire aux mœurs, à la liberté, à la civilisation, au progrès. Ils appliqueront, en conscience, l'art. 6 du code civil.

Et aucun contrat ne sera sain devant la Conscience qui le jugera véreux ; aucun contrat ne sera respecté, qui ne respectera pas le droit social; et, comme il n'y a pas de droit contre le droit, il n'y a pas de contrat contre la liberté !

— Mais, alors, la Conscience fait l'office de la loi.

Précisément, en ce sens qu'elle fait toujours aussi bien qu'elle, souvent mieux, toujours à moindres frais, et qu'elle évite une foule d'injustices légales.

— Cependant, si vous supprimez tous les droits préétablis, même ceux que la loi confère aux gens de service, aux femmes, etc., n'enlevez-vous pas à ceux-ci toute garantie, toute sécurité, et ne favorisez-vous pas la spoliation?

Mon Dieu! c'est parce qu'ils comptent sur ces garanties, dont le bénéfice s'obtient si rarement sans frais judiciaires, que les gens de service sont si souvent frustrés.... Et vous pensez que la Conscience leur serait moins favorable qu'un tel régime?
Quant aux femmes, si elles perdent leur hypothèque légale, dont tant de maris abusent pour duper leurs créanciers, elles conquièrent leur liberté ; elles ne perdent donc un avantage, si c'en est un, que pour obtenir des avantages bien plus précieux, celui d'être elles-mêmes, le droit d'agir par elles-mêmes et pour elles-mêmes, le droit d'ester en justice, le droit civil, en un mot, que le code civil leur refuse aujourd'hui, sous prétexte que le mariage est une union, une unité dont le mari est le seul terme vivant et absorbant.

— Beaux avantages dans une société où la femme ne peut vivre de son travail! où l'enfant, où le vieillard, où les faibles sont délaissés....

Si vous parlez de la société actuelle, vous avez raison. Mais, pourquoi voulez-vous faire une révolution ? Pourquoi voulez-vous, s'il le faut, faire deux révolutions, en faire dix, en faire cent? N'est-ce pas afin de constituer un monde nouveau, une société nouvelle? N'est ce pas afin de créer des institutions (des institutions, entendez-vous, et non des lois!) protectrices de l'existence, du travail, des intérêts de tous les faibles, de tous les citoyens? Quand même la destruction des codes ne vous y obligerait pas, n'avez-vous pas l'intention de le faire? N'est-ce pas votre programme?

Si vous ne devez pas rendre aux faibles et même aux forts leur dignité, leur libre arbitre; si vous ne devez pas mettre à même de vivre — le vieillard sans mendier, — l'enfant sans voler, — la femme sans se prostituer; ah ! plutôt ne faites pas de révolution. Mais si vous en faites une, n'oubliez pas qu'elle présuppose des institutions nouvelles, et ne vous plaignez pas de cette nécessité; acceptez-la au contraire comme un bienfait, comme une bénédiction de la Providence, puisque c'est en vous appuyant sur ces institutions que vous pourrez enfin inaugurer toutes les libertés.

Osez donc envisager d'un œil calme et serein les nouveaux rapports, la nouvelle vie sociale, qui vont se créer comme d'eux-mêmes au lendemain de la délivrance ! Reconnaissez que vous pourrez, sans lois, marcher plus sûrement, plus facilement qu'avec des lois, et qu'enfin le moment est venu de briser toutes les chaînes.

— Ah ! dit-on, ce serait à merveille si l'on ne redoutait l'abus. Mais, à peine toutes ces libertés déclarées et proclamées, on va en abuser, — Dieu sait!... (Ici une tirade sur la licence, sur les infirmités de la nature humaine, etc.)

On en abusera, dites-vous? *On* en abusera ?... Qui ? on ! sera-ce vous ?

— Non pas nous ; mais combien d'autres!...

Et chacun, répondant de soi, préconfesse les défaillances du prochain, et chacun appelle licence pour autrui ce qui ne serait pour lui-même que l'exercice légitime de la liberté. Et ainsi, chacun est amené à consentir l'oppression de tous, et tous signent l'oppression de chacun, bien qu'en interrogeant tout le monde, on trouve que nul n'admet l'abus pour soi-même.

Que les démocrates qui tiennent un pareil raisonnement, y prennent garde! Ce raisonnement n'est pas le leur: c'est celui de tous les despotes. M. Bonaparte n'en fait pas d'autre. Il ne craint pas l'abus pour lui-même : il est parfaitement sûr de lui-même. Mais, tout le monde, hormis lui, étant faillible, il a dû nécessairement interdire toutes les libertés : c'est le moyen unique et paternel de préserver ses sujets contre leurs propres entraînements, ou mieux,

contre les tentations du démon; car la politique d'interdiction et de préservation compressive est congénère de la
philosophie du diable.

Déclarer toutes ces libertés ! mais, à moins de manquer
à tous vos principes démocratiques, vous y êtes forcés et
contraints... Vous n'êtes plus l'Autorité, entendez-vous ?
Ou plutôt, votre autorité, c'est l'affirmation même de la
liberté ! Des restrictions à la liberté ! De quel droit en con-
serveriez-vous ? Au nom de qui, ou de quoi ? au nom du
peuple peut-être !...

— Oui, nous en convenons, vous êtes dans le vrai ; mais,
avant de renverser toutes les vieilles entraves, ne vaudrait-il pas mieux fonder d'abord les institutions de la
liberté ?

Sans doute, cela vaudrait mieux ; sans doute, avant de
délivrer le fœtus social, il serait bon que ses poumons
fussent prêts. Sans doute, au lieu de nier les idées nouvelles, au lieu de les repousser sans examen, comme ils le
font depuis vingt années, il eût été plus prudent et plus
sage de les étudier et de les mettre à l'épreuve ; — mais ils
ne l'ont pas voulu !....

Sans doute, avant de donner le suffrage universel, il eût
mieux valu constituer les organismes sociaux dont il est à
la fois le couronnement nécessaire et le *postulatum*. Mais
il paraît qu'il n'en sera pas ainsi....

Or, si le fœtus social doit naître avant terme, soyons
prêts, nous, à compléter ses poumons pour que sa délivrance ne le tue pas. Si les institutions que suppose le
suffrage universel ne sont pas prêtes, et que nous puissions
inaugurer le Suffrage universel, n'hésitons pas, — quelqu'imparfait, quelque confus et contradictoire qu'en doive
être l'exercice : ayons foi qu'il produira tôt ou tard des institutions à son image.

En un mot, lorsque, dans une société transitoire, vous
ne pouvez introduire un principe, introduisez, si vous le
pouvez, les organes qui en sont l'incarnation. Si vous ne
pouvez créer les organismes, tâchez d'introduire le principe ; et, comme l'âme crée sa forme, tôt ou tard le principe créera ses organes, et forcera les faits à se mettre
d'accord avec lui. Ainsi l'exige la loi du progrès.

Pénétrons plus avant encore dans cette question.

§ 4. DES INSTITUTIONS SOCIALES. — MARCHE
A SUIVRE.

Nous sommes rassurés, quant à l'exercice des droits
civiques, par le Suffrage universel et par la Législation
directe qui en sera la conséquence.

Nous sommes rassurés, quant à l'exercice des droits civils, par le jury et les tribunaux de conscience.

Nous savons que, grâce au décret sur les instruments de travail, la production ne fléchira pas, et que nous échapperons au chômage et à la misère, en attendant les institutions qui nous donneront le bien-être.

Ce n'est pas tout. Il nous reste à dire quelques mots à ceux qui, d'accord avec nous sur le but, acceptant généralement nos principes, et rendant témoignage à notre bonne volonté, pensent que notre décret sur le travail n'a d'utilité et de raison d'être que si la Révolution néglige ce qui, selon eux comme selon nous, importe le plus à la question d'avenir, savoir : la création des institutions nouvelles qui, en nous procurant le bien-être et la lumière, et la liberté, et l'égalité, et la fraternité, atteindraient le but du décret bien plus sûrement que le décret lui-même.

S'imaginant, à tort, que ces institutions peuvent s'installer du jour au lendemain, ils pensent, avec raison, qu'elles ne le peuvent que si les conditions actuelles de la propriété sont transformées. Or, disent-ils, la preuve que vous ne transformez pas la propriété, que vous ne tentez rien contre elle, que vous la respectez même dans ses abus, c'est que vous conservez la faculté de tester, l'héritage, l'hypothèque, et qu'enfin, pour assurer la continuité du travail en temps révolutionnaire, vous nous proposez, quoi? d'exproprier les établissements qui cesseraient de fonctionner. Ne vaudrait-il pas mieux, fonctionnant ou non, les mettre tous à la disposition des travailleurs, et décréter que toute propriété fait retour à l'État? Ce serait le grand jubilé démocratique.

Sans discuter le bien-fondé de cette proposition, sans montrer ce qu'elle contient de juste et d'injuste tout à la fois, nous allons dire ici toute notre pensée aux réformateurs sociaux.

Oui! nous respectons toutes les facultés, y compris la faculté propriétaire, parce que nous respectons toutes les libertés; et c'est parce que nous repoussons toute coaction, d'où qu'elle vienne, c'est parce que, en tout et pour tout, nous ne voulons agir que sous la garantie de la liberté et sous la réserve de la libre acceptation de tous et du libre consentement de chacun, c'est pour cela que, sur la propriété, le capital et leurs transformations, nos idées peuvent aller, sans danger pour personne, aux plus lointaines conséquences théoriques.

Mais il ne s'agit pas ici de faire prédominer une théorie, quelque radicale qu'elle soit, ni de discuter la valeur des théories qui sont en présence. Il s'agit de déterminer les procédés les plus favorables à l'éclosion des germes nouveaux et au développement légitime de toutes les théories.

Il est bien clair qu'on ne pourra créer un nouveau monde social sans que la propriété subisse des transformations considérables, conséquences et compléments de celles qu'elle a subies déjà, et dont l'histoire instructive n'est autre que l'histoire de nos soixante dernières années ; mais ces transformations ne peuvent s'opérer, ni en un jour, ni par voie de décret, parce qu'on ne peut, par voie de décret, constituer un monde nouveau. Il y faut des faits, du temps et des efforts persévérants.

On peut bien, en un jour, réformer l'administration, abolir la magistrature-fixe, les codes, les armées permanentes, le budget des cultes, les douanes, les contributions indirectes ; on peut, par voie de décret, obliger tous les instruments de travail à fonctionner et à produire : on ne peut, ni en un jour, ni par décret, transformer la propriété, et encore moins l'abolir, comme quelques-uns le voudraient peut-être.

Abolir la propriété ! Commençons d'abord par abolir entre nous ce vilain mot *d'abolition de la propriété*, qui ne rend bien la pensée de personne, pas même des communistes purement révolutionnaires ; et c'est à ceux-là surtout que nous nous adressons en disant :

Voulez-vous perdre la révolution ? Voulez-vous fortifier le capital ? Voulez-vous réparer les brèches faites à cet édifice miné qui, sous le nom de propriété, n'est le plus souvent, dans la constitution actuelle, que la citadelle d'où les forts tirent sur les faibles, — le coffre-fort à la place du château-fort : le moyen est facile !... Décrétez que la propriété est abolie ; que toute propriété fait retour à l'État. Décrétez cela sur les barricades ou à l'hôtel de ville. Jamais institution, abus ou privilége, n'aura reçu de ses ennemis un secours aussi efficace, aussi puissant que celui que vous apporterez ce jour-là à la propriété.

Et savez-vous, si vous tentiez d'entrer dans cette voie, qui vous auriez contre vous ? Les quatre-cinquièmes de ceux en faveur de qui vous vous y seriez engagés : tous les petits propriétaires besogneux, les paysans surtout, dont quelques-uns admettraient bien qu'on leur distribuât une part dans les propriétés nationales, mais qui n'entendent pas qu'on fasse mine de toucher aux leurs. Votre décret serait reçu à coups de fusil par les trois quarts de la population.

Non, non ! gardez-vous en bien ! sachez vous contenir ; sachez maîtriser la colère qu'excitent en vous les conséquences de la féodalité capitaliste ! Sachez que, par voie de décret, on ne gouverne pas plus la propriété et les rapports qui s'y rattachent qu'on ne maîtrise la mer en lui jetant des chaînes ! Surtout pas de coups d'épée dans l'eau !

Et, d'ailleurs, quel est celui de vous, ô socialistes, qui, ayant dans l'esprit un idéal social, voudrait en voir décréter l'application par une insurrection triomphante ? Est-ce qu'on décrète la Communauté ? Est-ce qu'on décrète le Phalanstère ? Est-ce qu'on décrète la société Saint-Simonienne ? On les inaugure, on les constitue, on les organise par la liberté et dans la liberté : ce ne sont pas matières à décrets.

Transformer la propriété pour refaire une société nouvelle, c'est le gain de l'avenir, c'est notre œuvre, ô démocrates, et ce n'est pas l'œuvre d'un jour.

Quand chaque commune aura repris son autonomie, quand chaque canton sera libre d'agir, quand chaque homme aura reconquis sa spontanéité, son initiative, vous verrez les citoyens s'organiser, s'associer, se concerter. Les ateliers sociaux, les banques d'échange, les institutions de mutualité, de crédit, les associations ouvrières, les comptoirs cantonnaux, et la Communauté, et le Phalanstère, tous ces éléments du poumon social, se constitueront par leurs partisans ; et chaque secte, chaque école créera à l'envi, d'abord dans la confusion, puis avec plus de distinction et d'ordre, les nouveaux organes de la nouvelle société.

Et savez-vous qui vous aurez alors pour auxiliaires passionnés ? Vous aurez ces mêmes petits propriétaires et paysans qui viendront demander aux banques des crédits, aux comptoirs des facilités , aux associations une participation, etc., etc.

Ce que deviendra la propriété dans ce travail libre de l'Humanité, chacun peut l'augurer à sa manière : mais ce n'est pas de cela qu'il s'agit.

Il s'agit de se bien pénétrer d'une vérité : c'est que, en fait de propriété, et plus généralement, en fait de rapports sociaux, les décrets ne peuvent rien : nous nous trompons : ils peuvent être funestes. Décréter une forme sociale quelconque, fût-ce la plus parfaite, sans que le peuple la crée lui-même, sans qu'il mette, comme on dit, la main à la pâte, ce serait compromettre la vérité sociale, comme on compromettrait la République si on voulait l'établir sans la participation directe du peuple. La propriété, c'est lui, c'est le peuple tout entier qui doit la transformer, la pétrir de ses mains puissantes ; mais sur le champ de travail, entendez-vous ? et non sur le champ de bataille !

Donc, tout ce que l'on peut et doit faire, le lendemain de la Révolution, c'est de donner à tous les citoyens la pleine faculté de concourir, chacun selon ses tendances et par son

activité libre, à la formation des nouveaux organismes
dont ils sont, tous, les nécessaires éléments. — C'est ce
qu'il s'agissait de démontrer.

CONCLUSION.

Tel a été le but, l'unique but de ce travail, et nous espé-
rons l'avoir atteint ; car chacun de nous sait maintenant
dans quel ordre de faits et dans quelle mesure il convient
de procéder par voie de décrets (sauf, bien entendu, la rati-
fication du peuple); chacun de nous est en état de rédiger
ceux qui devront assurer le lendemain révolutionnaire ; et
chacun, sachant ce qu'il faut éviter, ce qu'il faut entreprendre, a par cela même et un programme et une règle
de conduite.

Et les plus téméraires, comme les plus timorés, peuvent
juger des conditions du problème.

Les uns doivent comprendre où s'arrête rationnellement
l'action révolutionnaire extérieure et en quelque sorte dic-
tatoriale, et où commence nécessairement l'action révolutionnaire intime et complétement libre.

Quant aux autres, ils doivent se rassurer pleinement et
reconnaître que, sur cette cendre trompeuse du volcan
révolutionnaire, on peut, en s'avançant avec une sage har-
diesse, courir moins de dangers qu'ils ne le pensaient.

Et tous sont à même d'apprécier combien nous avons eu
raison de présenter, comme l'axe essentiel des mesures
révolutionnaires, la mesure qui a pour but d'assurer la
continuité du travail au lendemain de la Révolution.

Sans doute, la Révolution accomplira bien d'autres mesures, et de plus radicales, et qui iront plus au fond des
choses; mais elle n'y pourra réussir qu'en ayant recours à
celle-là ou à une mesure analogue.

Quoique purement transitoire, répétons-le, cette mesure
est capitale, parce qu'elle assure la production, le pain
quotidien, la liberté de l'action et du vote.

Or, avec la production quotidienne, tout! sans elle, rien!

Si la production suit son cours, le corps social se main-
tient en vigueur et santé : vous pouvez tenter sur lui toutes
les expériences. Si la production faiblit, il y a syncope,
bientôt suivie d'une foule d'accidents..... Vous essayez d'y
parer.... de nouveaux accidents se déclarent... Vous êtes
débordés....

Avec la mesure en question, rien de tel à redouter. Elle
n'est pas la pierre de voûte, ni la pierre de base ; non ! elle
est la pierre d'angle ! Malheur à ceux qui la rejetteront ! Ils
pourront commencer la construction de l'édifice démocratique : ils ne l'achèveront pas!

Cela compris, arrêté, entendu, — qui donc pourrait craindre encore que la Révolution n'éclate trop tôt ? Laissons cette crainte aux vieilles institutions, aux vieilles royautés, aux vieilles exploitations dont il faut à tout jamais débarrasser le champ social. . . . .

. . . .
Mais, pour nettoyer notre champ, qu'attendons-nous ? Attendons-nous un pire désordre, une pire anarchie, de pires outrages à la nature et à l'humanité ?

Serions-nous assez dupes pour nous amuser au spectacle de cette question d'Orient, vrai cautère diplomatique qui est venu tout à point opérer comme dérivatif sur la crise des subsistances d'abord, et ensuite sur la plaie financière qui ronge au cœur le vieux monde et finira par le tuer.

De cette querelle d'ambition, où l'Angleterre va fournir l'argent, la France le sang et l'Autriche son dernier souffle, qu'est-il besoin d'attendre la fin ?...

Vous criez contre la guerre.... Mais la guerre n'est qu'un effet, et vous en connaissez les causes...

Peuples, il serait si simple de nous entendre et de nous affranchir définitivement de ces sanglants sacrifices. ...

Vouloir suivre un à un tous les épisodes de cette immense dislocation, vouloir en entendre tous les craquements, curiosité puérile ! Curiosité dangereuse ! car si, dans cette partie qu'ils ont engagée, les rois exposent leurs couronnes, les peuples n'y peuvent-ils perdre une partie de leur enjeu ? La France, spécialement, est-elle bien sûre de trouver son salut dans le naufrage de quelques royautés ?

Maîtrisée, enchaînée par le conspirateur de Strasbourg, de Boulogne et de Paris, agissant pour lui et non pour elle-même, la France est, plus que tout autre peuple, intéressée à interrompre brusquement cet insipide mimo-drame dont elle connaît d'avance les principales péripéties.

Après le deux décembre, vaincue, humiliée, conquise, stupéfiée, elle a dit : *Voyons !* N'a-t-elle pas assez vu ? Ne sait-elle pas où la conduit cette imitation de l'Empire, ce calque de l'oncle, transparent comme tous les calques ? Ne sait-elle pas où cela va ?

Cela va à Waterloo ! Cela va à Sainte-Hélène !

Ah ! brisez vite cet affreux pastiche ! Rejetez ce poncif odieux ! Mettez fin à cette parodie ! Effacez cette honte ! A bas la toile ! Et puisque le dénoûment est à Sainte-Hélène, passons vite au dénoûment.

A bas la toile, vous dis-je ! afin d'éviter 1815 et les plaines de Waterloo !

10 septembre 1854.

NOTE

SUR LA LÉGISLATION DIRECTE ET LE SUFFRAGE UNIVERSEL.

A mesure qu'on a vu s'opérer la résorption des codes, on a pu se demander :

1° S'il ne faut plus de lois, pourquoi la Législation directe ? Qu'est-ce que le peuple aura à légiférer ?

2° Quand une difficulté se présente dans l'ordre civil, ne pourrait-on, comme dans l'ordre économique et politique, la faire résoudre par le peuple ?

Deux questions en apparence contradictoires, et qui, pourtant, sont également fondées.

Oui, en effet, le Peuple aura encore des difficultés à résoudre, et il les résoudra. Mais il ne lui restera à régler qu'un très-petit nombre de questions ayant caractère légal.

Ce n'est pas sans raison que nous avons établi ci-devant une distinction radicale entre les droits *civils*, ceux qui régissent les rapports des individus entre eux, et les droits *civiques*, qui créent le lien social et régissent les rapports des individus avec la masse.

Dans le domaine des rapports individuels, plus de lois ! Lorsqu'il sera consulté ou se consultera lui-même sur ces matières, le peuple votera simplement des principes de droit humain. Par exemple, à de certaines heures, il déclarera l'état de son opinion sur les questions de propriété, d'héritage, etc. Ces déclarations formeront en quelque sorte des contrats préalables entre la société et les individus, contrats qui, bien que ne s'imposant pas d'une manière impérative à la conscience individuelle, et par cela même qu'ils ne s'imposeront pas, exerceront une capitale influence sur les jugements des jurés et des arbitres dans une société toute saturée de liberté et où le sentiment de l'unité et de l'ordre se développera en proportion même de la liberté. Et, toutefois, en face de ces déclarations, les tribunaux d'équité resteront indépendants ; ils seront souverains et libres ; car telle est, nous l'avons vu, la condition première et *sine quâ non* de l'établissement de l'unité progressive, la seule rationnelle, la seule légitime, la seule qui puisse être acceptée par des hommes libres.

Voici, par exemple, un procès en contrefaçon. La Majorité du peuple a décidé que l'auteur d'une invention en est le propriétaire inviolable. La Minorité s'est refusée à reconnaître ce genre de propriété. Supposez que les arbitres soient de l'opinion de la Minorité : ils seront néanmoins d'autant plus disposés à déférer à la décision de la Majorité, qu'ils se sentiront libres de n'en pas tenir compte, —

et ils se réserveront de venir, comme simples citoyens, soutenir, aux prochains comices, leur opinion personnelle.

Mais, à côté de cette face en quelque sorte individuelle, la Législation directe, embrassant dans ses attributions toutes les autres faces de la vie sociale, décrétera toutes les mesures générales et décidera toutes les opérations d'ordre collectif, tant dans la sphère de la commune que dans celle du canton, du département et du pays ; et ces décrets et ces décisions s'appelleront encore lois ou réglements ; et ce mécanisme durera tant qu'on ne pourra pas appliquer de mécanisme supérieur et plus libre encore.

Ainsi, le Peuple déterminera le *maximum* des pénalités applicables par le jury. C'est lui qui réglera chaque année le taux de l'*impôt unitaire*. C'est lui qui fixera le moment à partir duquel, — de forcé qu'il est aujourd'hui, — l'impôt pourra devenir purement facultatif. — Il votera l'ouverture d'une route, la construction d'un pont, d'un édifice public, l'établissement d'une institution de crédit, d'assurance, de garantie, de travail, etc. Et, sous ce rapport, peut-être le nom de *Législation directe* est-il moins exact que celui de *Gouvernement direct du peuple par le peuple*.

Entre les partisans du *Gouvernement direct* et ceux qui, pour des motifs divers, croient devoir en repousser l'établissement immédiat, nous avons dit qu'il n'y a pas de conflit possible, tous les démocrates s'accordant sur un point : le *suffrage universel permanent et libre*.

Mais, pour quel mode de suffrage optera-t-on ?

Cette question sera secondaire, sans doute, si la Démocratie sait prendre, dès le début, les mesures que nous avons indiquées. Dans ce cas, en effet, le plus mauvais mode électoral sauvera certainement la République, surtout si on l'applique sans délai. — Dans le cas contraire, le meilleur mode la laissera exposée aux coups de ses ennemis, qui l'assassineront une fois de plus.

C'est pour cela qu'il faut s'occuper de la question du travail beaucoup plus que de la question électorale.

Mais, comme, même avec le *Gouvernement direct*, il faudra toujours, outre les administrateurs locaux, nommer des représentants, une assemblée, un conseil, ne fût-ce que pour préparer, régulariser et résumer le mécanisme de la Législation directe, la question du meilleur mode électoral conserve une grande importance.

Et, comme il est bon que nous soyons prêts sur tous les points, demandons donc au Suffrage son organisation la plus rationnelle et la plus libre.

Le scrutin de liste est condamné, et l'élection localisée n'est pas l'élection : ce n'en est que l'hypocrisie.

Par l'un comme par l'autre de ces deux modes, on n'obtient que de faux résultats, pouvant aller jusqu'à exclure, soit toutes les minorités par des majorités compactes, soit la majorité elle-même par des minorités coalisées.

Si l'on veut que la France, dans l'état actuel de son

organisation et de ses mœurs, puisse être réellement et sincèrement représentée, à-la-fois par des hommes généraux et par des hommes spéciaux, tout en écartant les hommes de clocher; si l'on veut rendre l'électeur libre et libre le représentant; plus de scrutin de liste enfermé dans une circonscription électorale, quelque large qu'on veuille la concevoir!

Pour que l'élection fût véridique, pour que l'électeur fût fidèlement représenté, pour que l'assemblée élue pût contenir toutes les opinions dans la proportion même où elles se trouvent dans la nation, il faudrait, en dépit des lieux et des distances, favoriser, provoquer le libre groupement, la libre gravitation des affinités électives dans les moindres nuances d'opinion.

Supposons ce problème résolu. Supposons que cette affinité si désirable puisse se réaliser, non pas dans les limites d'un canton, ni d'un département, mais sur toute la surface du pays qui veut élire ses représentants.

Si l'on réfléchit que les électeurs sentent généralement le besoin de renoncer aux points de minime divergence, afin de réaliser la plus grande compacité possible, on reconnaîtra que le nombre des opinions en présence sera beaucoup moindre qu'on ne pourrait le croire au premier abord.

En France, par exemple, où l'opinion paraît si fractionnée, on peut compter : — les rétrogrades ou conservateurs outrés; — les conservateurs modérés; — les libéraux; — les radicaux ou républicains formalistes; — les démocrates purs et les socialistes vagues; — les communistes; — les phalanstériens; — les saint-simoniens; — les anti-capitalistes; — plus, deux ou trois opinions spéciales. En tout, douze groupes sur lesquels viennent brocher : les anti-religieux, les catholiques-radicaux et les catholiques-conservateurs ou rétrogrades, les protestants, les juifs.

Par suite de la propension qu'ont les partis à se discipliner, supposons que ces opinions se réduisent à douze, et que les douze millions d'électeurs que compte la France se répartissent ainsi dans les douze opinions groupées :

Opinions.	**Électeurs.**
Nº 1	250,000
— 2	500,000
— 3	750,000
— 4	1,000,000
— 5	1,500,000
— 6	2,000,000
— 7	2,000,000
— 8	1,500,000
— 9	1,000,000
— 10	750,000
— 11	500,000
— 12	250,000

S'il est admis que chaque opinion a droit à un représentant par 50 mille électeurs, ce qui ferait 240 représentants pour tout le pays, il s'ensuit que chacune des douze opinions formerait en réalité une sorte de collége non circonscrit, libre, mais en affinité politique, et ayant droit à nommer 5, 10, 15, 20, 30, 40, 40, 50, 20, 15, 10, 5 représentants : total 240.

L'opération qui consisterait à classer les électeurs dans chaque opinion serait donc l'opération capitale. Cette classification faite, l'élection, en réalité, serait faite ; car, après s'être rangé librement dans une des douze catégories, chaque électeur n'aurait plus qu'à choisir librement parmi les noms mis en avant pour représenter cette catégorie ; et il n'aurait pas à craindre que la force de son opinion fût compromise par le choix qu'il ferait de tel ou tel nom plutôt que de tel autre ; et même il pourrait, sans inconvénient, se dispenser de se rendre au vote nominal, s'il ne connaissait pas assez les candidats ou s'il avait confiance de voir sortir les plus dignes.

Et ainsi, tout électeur serait représenté, pourvu que son opinion réunît sur toute la surface du pays, au moment de la formation des colléges d'opinion, la 240ᵉ partie du corps électoral.

Alors, « l'élection ne serait plus un combat, mais un choix. Alors, les cinq députés de l'opinion n° 1, par exemple, seraient les cinq citoyens qui, au sens des 250 mille électeurs de cette opinion, en représenteraient le plus dignement les idées et les principes. Et chaque opinion se sentirait équitablement et fidèlement représentée. »

Ces paroles et cette conclusion ne sont pas de nous : elles se trouvent dans une lettre qui a été adressée après la révolution de Genève, en 1846, aux membres du grand Conseil constituant, pour leur proposer le système dont nous venons de donner une idée, et dont la haute valeur et la supériorité sur tous les autres systèmes appliqués ou proposés depuis lors, ne peuvent être contestées en principe.

» Mais, ajoutait l'auteur, l'empire de la routine est tellement puissant, on a tant de peine à sortir des ornières profondément creusées par le temps, que quand on ne peut plus faire objection aux principes, on se rabat sur les prétendues difficultés, les prétendues impossibilités de l'application.

» Sans doute, s'écrie-t-on, voilà bien la théorie pure de l'élection véridique ; sans doute ce serait là un système parfait de représentation nationale ; il serait bien à désirer qu'un tel système fût applicable... La légitimité constitutionnelle d'une telle élection serait hors de toute atteinte logique, et aucune tentative violente ne saurait être dirigée désormais contre les décisions d'une assemblée qui traduirait aussi exactement la pensée et les vœux de tous les citoyens. MAIS, ajoute-t-on bien vite, c'est une théorie ; MAIS la réalisation en est impraticable ; MAIS, MAIS... MAIS... » une kirielle de *mais* qu'on se hâte de jeter les uns sur les autres et qui débarrassent tout de suite l'esprit de la peine de réfléchir et de trouver le procédé d'une application facile et raisonnable....

« Ce n'est pas vous, poursuivait l'auteur, en s'adressant aux législateurs génévois... Ce n'est pas vous, dirons-nous aux démocrates de tous les pays, qui donnerez l'exemple d'une pareille légèreté d'esprit en présence d'une question aussi importante, aussi grave... Vous savez trop bien, à l'encontre des fausses idées trop accréditées, que quand les principes des choses sont trouvés et clairement établis, les procédés ne manquent jamais à l'appel de l'étude un peu patiente et de la recherche sérieuse. *A priori*, vous ne douterez pas de la possibilité d'une solution pratique, et, au besoin, vous en trouverez dix plutôt qu'une. Permettez, toutefois, que nous vous soumettions un système, en attendant ceux que vous pourrez facilement découvrir. »

PROCÉDÉ PRATIQUE DE L'ÉLECTION VÉRIDIQUE.

» L'application de l'élection en mode libre et véridique se compose naturellement de deux opérations successives, — la formation des sections ou colléges d'opinion, — puis l'élection dans chaque collége.

» FORMATION DES COLLÉGES. — Chaque année, les électeurs, usant de leur droit d'initiative, ouvrent des *sections*.

» La proposition d'ouverture est faite par une simple déclaration revêtue de la signature des électeurs proposants et suivie de leur programme ou profession de foi. Le minimum du nombre des signatures nécessaires pour que la proposition soit admise est fixé.

» Tous les programmes, signés des personnes qui en ont pris l'initiative, c'est-à-dire des membres des divers comités électoraux, librement et spontanément produits par l'état de l'opinion et des esprits, tous ces programmes, que les comités électoraux répandront à profusion, sont réunis, chacun sous son NUMÉRO D'ORDRE, dans une publication officielle que l'administration adresse à tous les électeurs. Chaque membre du corps électoral, prenant ainsi connaissance de toutes les catégories ouvertes, fait librement choix de celle à laquelle il lui convient d'adhérer.

» Il s'agit, tout en respectant le secret du vote, de connaître le NOMBRE des électeurs engagés dans chacune des sections libres du corps électoral.

» Pour cela faire, les électeurs sont convoqués à la mairie de leur commune, ou, si la population de la commune est assez considérable pour exiger une division par quartier, dans une salle de leur quartier. Là, chaque électeur inscrit sur son bulletin le NUMÉRO de la section dans laquelle il entend voter.

» Le dépouillement des scrutins fait immédiatement connaître, pour chaque commune ou quartier, le NOMBRE respectif des électeurs engagés dans chacune des sections d'opinion. L'addition générale des chiffres donne exactement, et de la manière la plus simple, le relevé du classement des électeurs » et par suite le nombre de députés auxquels a droit chaque section d'opinion.

« ÉLECTION. — Le nombre des députés à élire dans chaque section étant connu, l'élection s'opère avec la plus grande facilité.

» Dans chaque opinion, les candidats se sont produits, ont lancé leur profession de foi, ou se sont laissé mettre en avant. Le nombre des candidats étant naturellement supérieur à celui des députés à élire, chacun fera choix des 5, 10, 15, etc , députés à nommer pour sa section.

» Au jour de l'élection, il suffira donc à chaque électeur de se rendre à la salle désignée, d'écrire sur son bulletin le NUMÉRO de sa section, et, au-dessous, la liste des 5, 10, 15, etc., noms qu'il aura choisis parmi les candidats de cette section. Le dépouillement des votes de chaque assemblée, centralisé et totalisé, fait connaître les élus de chaque section.

» L'élection est si simple par ce mode, qui n'exige pas même le déplacement des électeurs, qu'il devient facile de réaliser un très-grand progrès constitutionnel. Nous voulons dire que l'élection peut avoir lieu tous les ans. L'opération électorale ne prend plus à l'électeur, en effet, que le temps d'aller à la mairie de sa commune, ou à la salle de son quartier, écrire sur son bulletin le numéro de la section qu'il choisit, et d'y retourner, huit jours après, écrire sur un second bulletin les noms des candidats de son opinion. Voilà tout le procédé.

» L'élection véridique ramène la moralité dans les élections, » parce qu'elle y introduit la liberté. « Plus de ces luttes odieuses dans lesquelles les partis adverses attaquent et calomnient à qui mieux mieux leurs candidats respectifs ; plus de ces transactions forcées d'où sortent des choix bâtards qui ne représentent purement aucun principe ; plus de ces coalitions oppressives d'opinions qui s'unissent pour en écraser une autre. Les partis deviendront d'ailleurs moins hostiles quand ils seront garantis chacun dans leurs droits. La pensée du pays étant toujours exactement et lumineusement *manifestée* par la composition de l'assemblée élective, il ne sera plus possible à telle coterie, à telle minorité, de se dire le pays, l'opinion du pays, la majorité du pays. Dans chaque question, les différentes catégories d'opinion auront à compter les unes avec les autres ; elles s'habitueront bientôt à se respecter dans leurs principes légitimes, et la décision de l'assemblée sera toujours NATIONALE, c'est-à-dire propre à contenter le plus grand nombre et à atténuer autant que possible le mécontentement du reste. Car, dans une assemblée où l'on verrait face à face l'opinion publique telle qu'elle est, on apprendrait vite que, si les minorités doivent céder aux majorités, les majorités doivent tenir compte des minorités et ne pas les braver et les écraser avec dédain, orgueil et superbe. »

Démocrates, si vous voulez réellement « l'indépendance de chacun, la libre manifestation de la pensée politique et le triomphe de la volonté nationale, » voilà le mode électoral que vous devez inaugurer. Le jour où triomphera notre principe, « répondons à nos adversaires par cette grande preuve de sincérité, et nous en aurons bientôt conquis et concilié les trois-quarts ; nous aurons fermé la bouche à tous nos ennemis passionnés et pulvérisé les calomnies.

» Nous aurons fait plus encore : nous aurons pris l'initiative d'une grande innovation, d'un progrès européen, universel : nous aurons donné une impulsion qui, par la puissance irrésistible de la Vérité, de la Logique et de l'Exemple, entraînera l'imitation de notre loi électorale véridique dans tous les États Républicains. »

Errata.

Page 16, ligne 18, de la QUESTION DU LENDEMAIN (*suite*) 25 *avril* 1854. — au lieu de : « un lien *ascendant de la terre au ciel* » — lisez : « *descendant du ciel à la terre.* »
Page 16, lignes 40 et 41 du présent cahier, supprimez : « *ou le respecter.* »
Page 21, ligne 7, *idem*, au lieu de : — « *nos soixante dernières années,* » — lisez : « *l'Humanité elle-même.* »

London, HORRIS and Son, printers.